청춘,
쉽게
살면
재미
없어

거대한 행복 속으로 나를 업그레이드하는 방법

청춘, 쉽게 살면 재미없어

초판 1쇄 인쇄 2020년 12월 18일
초판 1쇄 발행 2020년 12월 24일

지은이 권유진

발행인 백유미 조영석
발행처 (주)라온아시아
주소 서울특별시 서초구 효령로 34길 4, 프린스효령빌딩 5F

등록 2016년 7월 5일 제 2016-000141호
전화 070-7600-8230   **팩스** 070-4754-2473

값 14,500원
ISBN 979-11-91283-01-3 (03190)

라온북은 독자 여러분의 소중한 원고를 기다리고 있습니다. (raonbook@raonasia.co.kr)

거대한 행복 속으로
나를 업그레이드하는 방법

청춘,
쉽게
살면
재미
없어

권유진 지음

RAON
BOOK

오늘보다 더 나은
내일을 위해

나는 항상 입버릇처럼 '어른이 되면 뭐 하지?'를 고민하곤 했다. 이미 어른이면서 말이다. 서비스가 끝나 불 꺼진 비행기 안에서도 그랬고, 외국 호텔에 혼자 누워서도 그렇게 미래를 고민했다. 앞으로 뭐 해 먹고 살아야 하는지, 내 인생은 어떻게 돌아가고 있는지, 이렇게 사는 게 맞는 건지. 아니 도대체가, 잘만 먹고살고 있고 잘만 돌아가고 있는데도 말이다.

쉬는 날에는 아무도 시키지 않았는데도 나의 새로운 진로와 적성을 찾아야 한다며 혼자서 또 열심히 다른 일들을 기웃거렸다. 비행이 끝나고 새벽에 도착해도 잠도 자지 않고 이것저것 알아보러 다니고, 이것저것 배우러 다녔다. 주변에서는 다들 뭘 그렇게 바쁘고 뭘 그렇게 열심히 하냐며 넌 참 피곤하게도 산다고들 했다. 나도 모르겠다. 나도 내가 왜 그렇게도 혼자 치열하게 살았는지 모르겠지만, 어쨌든 확실한 거 하나는 항상 지금에 만족하지 않고 자꾸 다음을 보고 미래를 그렸다는 것이다.

인생의 약 3분의 1을 차지했던 '승무원'이라는 삶을 여러 가지 이유로 그만두고 백수가 되어서도 나는 똑같았다. 틈만 나면 여기저기 기웃거리고 또 바쁘게도 돌아다녔다. 백수가 과로사한다더니 내가 딱 그 수준이었다. 그런데도 백수니까 한참을 돌아다니고도 남아도는 시간 때문에, 드디어 책상에 앉아 나는 왜 이러고 있는지를 생각해보게 됐다.

먼저 나는 하고 싶은 것이 너무 많았다. 인생은 길고 새로운 직업들은 생겨나는데, 한 직장에서만 가만히 매일 똑같은 일을 하기에는 너무 재미도 없고 나 자신이 아까웠다. 스무 살부터 시작해 10년을 다녔으니 일도 어렵지 않았고 회사에서 받는 스트레스는 적었지만, 오히려 나에게는 바로 그것이 문제가 됐다. 회사를 관두겠다고 했을 때 주변 사람들은 '회사가 전쟁터라면, 회사 밖은 지옥'이라며 모두들 나를 말렸다. 배불러서 모르는 소리

를 한다고. 그런데 나는 아무리 남들이 맛있다고 해도 직접 먹어
봐야 정신을 차리고, 아무리 이게 맛있다고 추천을 해대도 결국
에는 내가 먹고 싶은 것을 고른다. 그러니 내가 겪은 것이 '전쟁
터=회사'뿐인 나에게는 아무리 이렇다 저렇다 말을 해줘도 귀에
들어오지 않았다. 그래, 이미 회사는 겪어봐서 전쟁터인지 알 수
있었지만 회사 밖이 지옥인지 천국인지는 아직 모르는 거니까.
아직 내가 꿈꾸고 만들 수 있는 희망이 있으니까 말이다.

또 이제는 안정된 직장, 평생직장이라는 것도 없다는 것을 깨
달았다. 분명 비행을 처음 시작할 때는 스마트폰 없이도 잘만 살
았는데, 지금은 그때 스마트폰 없이 어떻게 외국을 돌아다니고
방에서 혼자 뭐 하며 시간을 보냈는지 상상도 안 가는 수준으로
시대가 빠르게 변했다. 바야흐로 4차 산업의 시대가 아닌가. 그
렇게 세상은 정신없이 빠르게 변해가고 있고 새로 생겨날 직업

의 수만큼, 혹은 그보다 더 많이 없어질 직업들도 거론되고 있다. (모르고 하는 소리지만) 승무원이라는 직업도 곧 사라질지 아무도 모를 일이다.

게다가 2020년은 'COVID-19'를 빼놓고 이야기할 수 없다. 며칠을 기다려야만 먹을 수 있을 정도로 잘만 되던 가게들도 폐업을 당하고, 평생직장인 줄 알고 잘만 다니던 회사에서도 권고사직을 당하니, 더 이상 안정된 직장은 없다는 현실에 마음속 깊이 위기를 느꼈다. 이렇게 가만히 있다가 실직당하고 현실을 강요당하기 싫었다. 내가 먼저 한발 빠르게 스스로 선택하고 바뀌어야만 한다는 사실을 깨달은 것이다.

그래서 그렇게 열심히 독립을 준비했던 것이다. 반드시 어딘가에 소속되어 의지할 곳이 없더라도 괜찮도록, 그냥 나 자체가 마치 하나의 움직이는 1인 기업인 것처럼 어디에서 무엇을 하더라도 단단하도록 말이다. 그렇다고 나는 누구에게 이래라저래라 할 만큼 대단할 것도 없고 그렇다고 못날 것도 없는, 그냥 평범한 밀레니얼 세대의 요즘 청년일 뿐이다. 다만 매순간 내일을 고민하고, 자꾸 앞을 보고, 미래를 기대하고, 계속 변화하려고 노력할 뿐이다. 물론 이것저것 열심히 두드리고 배워댄 것에 비해 포기한 것도 많고, 혼자 꿈꾸고 기대한 것에 비해 실망을 느끼기도 했다. 그러나 가만히 있는 천재보다 움직이는 바보가 백배 천 배 나은 법 아닌가. 적어도 움직이면서 내가 무엇을 좋아하고, 무엇이 나에게 잘 맞는지 찾아갈 수 있으니 말이다. 게다가 중요한 건, 이런 나 자신이 너무 자랑스럽고 당당하며, 덕분에 어떤 위기가 닥쳐도 돌파해낼 것이라는 나에 대한 믿음과 자기효능감이 생겼다는 것이다.

참 씁쓸하게도 지금은 밖에서 자유롭게 활동하기 어려운 시기가 되었다. 그런데 이 시간을 한탄하고 걱정만 하면서 보낼지, 혹은 지금까지 나름대로 열심히 살아온 나를 너그럽게 받아주고 다시 미래를 기획하는 'Self-up'의 시간으로 만들지는 우리 손에 달려 있다. 이것이 포스트코로나를 대비하자며 그렇게 외쳐대던 '위기를 기회로'가 아닐까 싶다.

한 번뿐인 인생. 누구나 지금보다 더 잘하고 싶을 테고, 누구나 오늘보다 더 나은 내일을 바랄 테니까.

권유진

차 례

프롤로그 오늘보다 더 나은 내일을 위해 • 4

1장
다 같이 Self-up, 소확행 말고 대확행하자

욜로 하다 골로 간다 • 17

태어난 김에 살 것인가, 폼나게 살 것인가 • 25

가만히 있으면 중간도 못 간다 • 34

'나 혼자'가 아니라 '팀'이다 • 41

진정한 어른이 되자 • 46

● 투자를 경험하세요 • 54

2장
현실 Self-up, 무기력에서 벗어나자

편안함과 익숙함에 속지 마라 • 59

행동으로 시작해서 행동으로 끝나라 • 67

자존감의 핵심은 주제 파악과 현실 인정이다 • 76

단점 말고 장점에 베팅! • 84

회사, 다니지 말고 이용하라 • 91

포기할 용기를 내라 • 98

● 요리를 대접하세요 • 106

3장
관계 Self-up, 혼자 말고 함께하자

자기 자신을 최우선으로 고려하라 • 111

자신이 컨트롤할 수 있는 것만 컨트롤하라 • 119

모두의 매너와 에티켓 • 125

'죄송합니다'는 생각보다 어렵지 않다 • 133

좋은 사람이 나에게 맞는 사람은 아니다 • 140

우리가 생각하는 꼰대는 없다 • 146

● 심리 상담을 받으세요 • 155

4장
시간 Self-up, 일과 삶을 구분하자

나만의 루틴 매뉴얼을 만들어라 • 161

간단한 계획을 빠르게 실천하는 법 • 168

일주일에 하루는 비워둬라 • 175

백수일 때는 놀아라 • 182

준비는 짧고 굵게 그리고 한 방에 • 189

생존 일기를 써라 • 196

● 필사를 하세요 • 203

5장
자기 자신 Self-up, 나를 돌파하자

가장 안전한 투자처는 바로 '나'   • 209

선택했다면 후회 말고 책임을   • 219

문제를 적으면 답이 보인다   • 227

약점을 드러내라   • 234

존경할 수 있는 인물을 만들어라   • 241

남과 비교하지 말고 나의 인생을 살아라   • 249

● 생업을 디자인하세요   • 257

YOUTHFULSELFUP

1장

다 같이 Self-up,
소확행 말고
대확행하자

욜로 하다
골로 간다

욜로는
한 번뿐이다

　　　　　나는 '욜로'라는 말을 좋아하지 않
는다. 정확하게 말하면 '너의 인생은 한 번뿐이다'라는 뜻은 좋아
하지만, '그러니 지금 하고 싶은 거 다 하면서 하루하루 즐겁게만
살아라'는 식의 해석은 좋아하지 않는다.

　처음 '욜로'라는 말이 나왔을 때, 나 역시 그 '쿨한' 정신에 매
우 공감했고 또 격한 위로를 받았다. 어느 날 길을 걷다 갑자기
핵폭탄이 떨어져 죽을지도, 뜻하지 않은 불의의 사고로 한순간
에 운명할지도 모르는데 이렇게 스트레스 받으면서 미래만 바라

보고 살다가 죽어버리면 억울해서 어쩌나 싶었다. 그래서 나도 대세를 따라 '욜로'를 외치며 그날그날 내가 하고 싶은 대로, 순간에 끌리는 대로 살기로 했다. 인생은 한 번뿐이니까. 먹고 싶은 건 참지 말고 신나게 다 먹어댔고, 조금이라도 하기 싫은 일은 '까짓것' 하며 그냥 안 해버렸다. 아침에는 졸리지 않아도 괜히 노력까지 해가며 늦잠을 잤고, 밖에 나가기 귀찮으니까 운동을 취소해버렸고, 한 달 벌어 한 달 월급을 다 탕진해버렸다. '뭐 이러다가 내일 길 가다 죽을지는 아무도 모르는데 뭐 어때' 하면서 말이다.

그런데 웃긴 건(어쩌면 당연한 건), 내일이 되어도, 모레가 되어도 내가 길 가다 죽는 일은 일어나지 않았다는 사실이다. 저 단순한 생각을 하기 시작한 지 몇 달이 지나도 물론 상황은 똑같았다. 핵폭탄이 떨어질 일도 없었고, 길을 가다가 위험에 빠지는 일도 없었다(당연히! 그런 일이 일어나서야 안 될 일이지만).

나는 멀쩡히 살아남았다! 대신 뱃살만 뒤룩뒤룩 올라왔고, 여드름이 잔뜩 났을 뿐이다. 일은 분명 하루도 빠짐없이 열심히 한 것 같은데, 모은 돈은 하나도 없었다. 갑자기 또 이런 생각이 들었다. 내일 길 가다 갑자기 죽을 때 뱃살은 뒤룩뒤룩 올라오고 여드름투성이에 돈 한 푼 없는 그런 모습으로 죽으면 정말 싫겠다 하는. 그런 모습으로 죽으면, 남들이 얼마나 안쓰럽게 생각할까. 억울해서라도 귀신이 되련다.

굳이 소소하게
행복해야 해?

　　　　　　나는 '소확행'이라는 말도 좋아하지 않는다. 다시 정확하게 말하면 '소소하지만 확실한 행복'보다는 '거대하고 확실한 행복'을 더 좋아한다. 물론 충분히 거대하고, 충분히 확실하다는 전제가 필요하겠지만 말이다. 그러나 현실은 거대하고 확실하긴커녕 사소한 일상을 바라는 것마저 꿈같아져 버렸다. 그러니 이런 팍팍한 인생살이에서 뭔가 위안이라도 삼으려면 우리는 꼭꼭 숨어 있는 '소확행'이라도 발굴해내야 하는 것이다.

　아침에 자고 일어나면 기계처럼 씻고 밥 먹고 옷 입고 출근을 하고, 또 로봇처럼 컴퓨터를 켜서 일하고 키보드를 두드린다. 점심시간이 되면 모두가 우르르 식당에 모여 밥 먹고 잠시 햇빛 한 번 봤다가, 금세 또 자리로 돌아와 영혼 없이 키보드를 두드리는 로봇이 된다. 드디어 퇴근 시간이 되면 회사를 나서지만, 마음 놓고 밖을 돌아다닐 수도 없는데다가 딱히 일정도 없고 만들기도 귀찮아 금방 집으로 돌아온다. 자고 일어나면 또 어제랑 다를 바 없는 일상이 반복되고, 그렇게 일주일이 가고 한 달이 간다. 지루하고 나른한 일상, 따분하고 의미 없다 느껴질 때면 퇴근길에 예쁜 카페에 들러서 마시는 커피 한 잔에서라도 반드시 소소한 기쁨과 행복을 찾아야만 하는 것이다. 그래야 그나마 오늘 하루를 나름 뜻깊었다 마무리하고, 똑같을 내일 하루를 살아갈 에너지를 얻을 수 있으니까.

그런데, 그럼에도 나는 소소한 행복보다 거대한 행복을 원한다. 설령 그것이 100퍼센트 확실하진 않더라도 말이다. 적어도 소소한 행복은 있는 것에서 겨우겨우 찾아야 하지만, 거대한 행복은 내가 만들어 나가야만 하고, 내가 스스로 만드는 것인 만큼 확신과 행복 또한 더 높아지기 때문이다. 나는 이 거대한 행복이 때로는 거창하고 대단하지 않더라도 내가 주도해서 완성해나간다는 점에 있어 큰 의미가 있다고 본다. 한 달 씀씀이와 식단을 잘 관리해 친구들과의 파티를 계획하는 것처럼 보기에는 사소하더라도 말이다.

지난달 나는 실제로 친구들과 축구 경기를 보며 치맥 파티를 하기 위해 관리에 들어갔다. 며칠 동안은 용돈을 조금씩 아끼기도 했고, 치맥 폭식을 위해 나름 식단을 관리한다며 소식을 하기도 했다. 그리고 당일에는 저녁을 더 맛있게 먹기 위해 괜히 점심을 대충 먹고, 하루 종일 저녁에 무슨 치킨을 시켜 먹을지 행복한 고민에 빠져 검색을 하고 먹방을 찾아봤다. 친구들과 치킨을 기다리는 동안에는 너무 귀찮지만 같이 마실 맥주를 사러 나갔다 오는 노력도 감수했다. 그렇게 기다리고 기다리던 치킨 첫 입을 베어 먹는 순간, 맥주를 들이켜는 순간, 골이 들어간 순간, 너무나 거대하고 확실한 행복에 어깨춤이 절로 나왔다.

지나온 시간을 되짚어보아도 마찬가지다. 중학교, 고등학교 때 하기 싫어도 열심히 공부한 것이 대학에 들어갈 때 빛을 발하고, 열심히 공부했기 때문에 누구보다 합격의 기쁨이 더 컸다. 그냥 운이 좋아 회사에 입사한 사람은 소중함을 모르고 밖으로 눈을 돌리지만, 노력해 들어온 사람일수록 차근차근 거대한 행복을 향해 올라가는 법이다. 그리고 그 거대하고 확실한 행복은 소소한 커피 한 잔과는 비교할 수 없을 정도로, 소확행으로는 절대 느낄 수 없는 성취감과 자신감과 희열을 준다. 이만하면 거대한 행복을 향해 꿈틀꿈틀 기어갈 만한 가치가 있는 게 아닐까.

운에 기댈까? vs
나 자신을 믿을까?

누르면 한 방에 10억 원을 받을 수 있는 빨간 버튼과, 누르면 1000억 원을 받을 수 있지만 확률이 50퍼센트인 초록 버튼이 있다. 여러분이라면 어느 버튼을 누르겠는가?

10억 원이라도 당장 받는 것이 나을 수도 있고, 인생 한 방 1000억 원을 노린다면 초록 버튼이 나을 수도 있다. 보통은 우리에게 10억 원도 큰돈인지라, 나라면 당장 빨간 버튼을 누를 것도 같다. 게다가 50퍼센트 확률은 너무 운에 좌우되는 것이라 도

박을 걸기 무섭다.

그렇다면 다시! 누르면 한 방에 10억 원을 받을 수 있는 빨간 버튼과 1000억 원을 벌 수 있는 확실한 방법이 담긴 책이 있다. 여러분이라면 무엇을 고르겠는가? 나라면 당연히 후자를 고를 것이다. 내가 이 책을 얼마나 잘 읽고 많이 따라 하느냐에 따라 100퍼센트의 확률로 1000억 원을 벌 수 있기 때문이다. 심지어는 1000억 원을 한 번만 받고 끝나는 것이 아니라, 1000억씩 수백 번을 더 벌 수도 있다.

나 자신이 만들고 설계하는 대확행은 1000억 원을 벌 수 있는 방법을 알려주는 책 읽기와 같다. 운에 기대하는 것 말고, 확률에 기대하는 것 말고, 스스로 공부해 1000억 원을 벌 수 있게 하는 힘! 그것이 내가 소확행보다 거대하고 확실한 대확행을 추구하는 이유다.

욜로라는
핑계는 없다

가끔씩 나는 욜로나 소확행을 외치는 것이 가짜라고 느껴질 때가 있다. 속으로는 다들 두 번의 인생과 여러 번의 기회를 원하고 거대하고 확실한 행복을 원하는 것이라고. 열정 넘치고, 잘하고 싶고, 더 높은 목표를 가지고 있으면서 자신은 아닌 척, 괜찮은 척, 만족하는 척하는 것이라고 의심이 가는 것이다.

사실 사람들은 새로운 것에 용기 있게 도전하고 더 높은 곳에 올라가 성공하고 싶지만 '됐어. 지금이 편하고 좋지, 뭐. 나는 욕심 없어'라며 핑계를 대고 시도조차 하지 않는다. 진짜 (아주) 조금만 노력하면 충분히 해낼 수 있는 일인데도 '됐어. 욜로야. 지금 행복한 게 장땡이야'라며 쉽게 포기하고 현실에 만족해버린다.

그렇게 한번 외쳐버린 욜로와 소확행이 점점 우리들을 소극적인 사람으로 만들고 있다. 앞으로 다가올 나의 인생을 위해 열정을 갖고 노력하는 것보다 마치 지금 현재를 즐기는 것이 훨씬 가치 있다고 강조하면서 말이다. 강한 포부를 드러내는 것이 괜히 부끄럽고 욕심같이 느껴진다. 이루지 못할 꿈을 꾸는 것보다 소소하게 이룰 수 있는 꿈을 꾸는 것이 더 낫다고 느껴지고, 큰 목표를 갖는 것이 주제넘은 짓인 것처럼 느껴진다. 혹은 온갖 목표를 향해 열심히 달려가 놓고 이루지 못하면 괜히 창피할까 봐, 내가 실패했다는 사실을 마주하는 것이 두렵고 싫어서, 원래부터 그냥 큰 뜻 없이 욜로와 소확행을 추구하는 사람이었던 척하는 것이다. 그러나 정작 속으로는 이상을 꿈꾸고 나의 미래가 더 멋져지기를 기대하고 잘난 남들을 매우 부러워하며 남들의 멋진 인생에 욕심을 내지 않는가? 아이러니하다.

물론 열심히 노력한다고 해서 반드시 그에 따른 결과가 보장

되는 것은 아니다. 그래서 사람들이 더욱 욜로와 소확행의 의미를 찾는 것일 테지만, 그렇다고 언제까지 사회적인 구조와 분위기만을 탓할 수는 없다. '절이 싫으면 중이 떠나야 한다'. 사회의 현실은 이미 눈앞에 있는데 싫다고 도망칠 수 없다면, 더 빨리 적응하고 더 빨리 돌파하는 것이 낫지 않을까. 이런 의미에서 욜로라는 말이 나에게 힘을 실어주는 긍정적인 응원이 되는 것은 좋지만, 절대로 핑계가 되지는 않아야 한다. 또 소확행이라는 말이 나에게 소소하고 확실한 행복은 가져다주어야 하지만, 그렇다고 거대하고 확실한 행복을 포기하게 만들어서는 안 된다.

욜로 하지 말고 스스로! 소확행 말고 대확행하자.

태어난 김에 살 것인가,
폼나게 살 것인가

텔레비전에
내가 나왔으면

어렸을 때는 텔레비전 속에 나오는 끼 많고 예쁜 연예인들을 보면서 '텔레비전에 내가 나왔으면 정말 좋겠네, 정말 좋겠네' 생각했다. 아마 그 나이 때 이런 생각을 하지 않은 어린이는 없을 것이다. 저렇게 예쁜데 춤도 잘 추고 노래도 잘 부르고 재밌기까지 한 연예인들이 참 다재다능하고 멋져 보였다.

조금 커서 중·고등학생 때는 그런 연예인들을 닮은 끼 많고 활발한 친구들도 참 멋있다고 생각했다. 친구도 많고, 발표도 잘

하고, 체육대회나 수련회 장기자랑 시간에도 무대에서 분위기를 휩쓰는 그런 친구들 말이다. 아마 나는 타고난 끼나 재능이 없다고 생각해서 더욱 부러워했던 것 같다.

그래서 청춘 영화나 드라마를 보면서 혼자 대학 생활을 꿈꾸곤 했다. 새로운 환경에서 새로운 친구들을 만나면 나도 새로운 모습으로 지낼 수 있지 않을까 하면서 말이다. 친구도 많이 사귀고, 적극적으로 나서고, 장기자랑 같은 기회가 있으면 나도 한 번쯤은 나가봐야지 하며. 그렇게 대학생이 되고 첫 신입생 MT에서 장기자랑 시간이 있었지만, 나는 결국 또 아무것도 하지 않았다. '누가 그냥 등 떠밀어주면 못 이기는 척 나가볼 텐데'라고 생각하면서 괜히 기다리기만 했다. 그러는 사이에 옆에 있던 어떤 친구는 자기 스스로 무대로 튀어 나가 내가 그렸던 모습 그대로 무대를 휩쓸고 '인싸'가 되었다. 나는 내심 또 쓸쓸하면서도 그 친구가 부럽고 멋있었다.

한동안은 그 순간이 그렇게도 아쉬웠다. '나는 왜 저렇게 멋지게 나서지 못했을까' 하면서 말이다. 물론 금방 깨닫기를, 반드시 장기자랑에 나가 무대를 휩쓰는 것만이 멋진 것은 아니라는 것을 알았고, 어차피 내가 나갔어도 그 친구처럼 즐기고 인싸가 되지도 못했을 것도 알았다. 또 어린 나이에 단순히 텔레비전 속에 나오는 연예인들을 동경했듯, 겉으로 보이는 친구의 모습만을 말 그대로 '부러워만' 했던 것이라는 사실도 깨달았다. 하지만 확실하게 부럽다고 인정해야 했던 것 하나는, 그 친구는 '자기가 원하는 것'을 하기 위해 당당하게 무대로 뛰쳐나갔다는 사실이다.

덕분에 그 장기자랑을 계기로 내가 진정 바라는 모습 그리고 나에게 잘 어울리는 멋진 모습이 무엇인지 생각해볼 수 있었다. 또 지금보다 더 멋지게 살고 싶다는 의욕도 불타올랐으며, 나를 뽐낼 기회의 무대가 있다면 주저 말고 뛰쳐나가야 겠다는 다짐을 할 수 있었다. 이후 뭔가 결정할 때 망설임이 생기거나 머뭇거림이 생기면, 순간의 다짐을 떠올리곤 했다. 그리고 그 다짐은 곧 나의 가치관이자 삶의 원동력이 되었다.

나의
'폼'생 '폼'사

한때 나는 '어렵고 복잡한 일을 간단하고 쉬운 듯이 해내는 것'이 정말 폼 난다고 생각했다. 어려운 시험을 앞두고 있어도 주변에 티 내지 않고 혼자 열심히 공부하다가, 시험에 합격하고 나서 '짠! 나 합격했지!'라고 하는 것이 그렇게 희열이 느껴지고 멋져 보였다. 그래서 아무도 궁금해하지 않는데도 괜히 내가 요즘 뭘 열심히 하고 있는지 숨기고서는 혼자 작전을 펼쳐댔다.

또 한때는 '자기관리를 잘하는 것'이 정말 폼 난다고 생각했다. 시간을 허투루 쓰지 않고 아침부터 저녁까지 바쁘게 돌아다니고, 먹고 싶은 것, 놀고 싶은 것도 스스로 조절하고 자제할 줄 아는 사람 말이다(물론 길게 가지는 못했다).

회사를 관두던 즈음에는 '후회 없이, 미련 없이 사는 것'이 진정 멋진 인생이라고 생각했다. 그래서 내가 회사를 언제까지 다닐지도 모를 일인데, 회사를 뛰쳐나오고 싶은 그 순간에 미련이 남지 않도록 미리 퇴사를 준비하고 연습했다. 덕분에 사직서를 쓰던 그때 (미련이 하나도 안 남았다면 거짓말이겠지만) 불안과 걱정보다는 기대와 설렘이 더 컸다.

지금은 '하루하루를 즐기는 것'이 폼 나는 인생이라고 생각한다. 그래서 쓸데없이 자꾸 과거를 되짚어보며 후회를 하거나 기억을 조작하지 않고, 또 아직 오지도 않은 미래를 걱정하고 계획하지 않기로 했다. 대신 오늘 하루, 지금 당장을 행복하고 즐겁게 보내고 있다.

모두 자기 인생에서 어떻게 사는 것이 멋지고, 또 어떻게 살고 싶고, 자기에게 어울리는 것인지는 본인 스스로만이 고르고 결정할 수 있다. 또 자기에게 닥친 환경과 상황이나, 나의 성격이나 성향에 따라 '폼' 난다고 하는 정의 또한 하루가 다르게 변할 수 있다. 어쨌든 중요한 것은 그냥 살아지는 대로 살아가는 것이 아니라, 순간에 내가 추구하는 것을 스스로 규정하고 그것을 열심히 좇아야 한다는 것이다. 그러면 적어도 후회는 할지언정, 당시에는 그것이 최상의 선택이었고 순간에는 충실했다고 당당하게 말할 수 있을 것이다.

하다못해 만약 이번 방학이나 휴가의 콘셉트가 미친 듯이 나태하고 게으르게 먹고 자는 것이라고 규정하고 그것을 열심히 좇았다면, 그 휴가는 성공한 것이 된다. 하지만 이미 나태하고 게으르게 먹고 자기만 하다가 휴가가 끝난 후 뒤돌아보면 아쉬움이 남고 한심하게 느껴질 것이다. 내가 추구했느냐, 추구당했느냐는 다른 것이니까 말이다. 지금 이 순간, 내가 어떤 모습이고 싶은지 어떤 멋진 삶을 추구하고 싶은지를 하나쯤은 생각해 보고, 포스트잇에 적어 책상 앞에 붙여 놓기를 바란다.

못해서 포기한 것이 아니다

살다 보면 주변에 너무 멋지고 대단해서 부러운 사람들이 참 많다. 자수성가해서 기업의 대표가 된 사람들, 자유롭게 여행하며 글을 쓰고 사진 찍으며 사는 예술인들, 끼 많고 재능 많은 엔터테이너들, 사회와 공익을 위해 봉사하고 헌신하는 사람들도 전부 다 너무 대단하고 멋지다. 그런데 뭐, 나는 평생 남들을 부러워만 해야 하고, 나라고 해서 그런 멋진 사람이 되지 말란 법은 없지 않나 싶다.

가끔은 문득 죽는 순간을 상상하면 내가 놓쳐버린 기회들이 너무 아쉽고, 더 폼 나게 살지 못한 인생이 벌써부터 너무 아깝다. 하다못해 어제 너무 배불러서 친구와 먹지 못한 디저트가 너무 아쉽고, 철인3종경기에 나가보고 싶다고 10년째 말만 하고 막상 도전해보지 못해 너무 아쉽고, 누구처럼 성공해서 유명 인사가 되어보지 못해서 아쉽고, 또 지금보다 더 부자가 되어서 사고 싶은 건 다 쓸어 담지 못해서 아쉽다.

그런데 따지고 보면 그렇게 불가능하고 엄청 어려운 일도 아니지 않나. 어제 못 먹은 디저트를 오늘 먹는 것도, 철인3종경기 신청 버튼을 누르는 것도 마음만 먹으면 지금 당장이라도 할 수 있다. 반드시 성공해야만 유명인사가 되는 것도 아니고, 지금보다 부자가 되는 것도 사실 죽을 때까지 절대 꿈도 못 꿀 일도 아니다. 솔직히 말하자. 우리는 못하는 것보다 하지 않는 게 맞다.

다행히도 우리는 생각보다 많은 것이 가능한 세상에 살고 있다. 반드시 누군가가 기회를 제공해주거나 찾아주지 않아도, 내가 직접 기회를 만들고 뽐낼 수 있는 세상 말이다. 만약 셀럽이 되고 싶다면 누군가 나에게 시켜주길 기다릴 것이 아니라, 내가 나만의 채널을 열고 그 안에서 연기를 할 수 있다. 만약 책을 쓰고 싶다면 누군가 내게 글 쓸 기회를 주기를 기다릴 것이 아니라, 당장 글을 써서 어디에든 올리고 누군가에게든 계속 보여주거나 먼저 출판사를 찾아가 문을 두드려도 된다. 혹은 사는 김에 사장님 소리 한번 듣고 싶다면, 돈이 없네, 준비가 안 됐네, 나는 능력이 없네 말고, 뭐라도 사서 혹은 만들어서 내 SNS에 올리고 광고해 팔아볼 수도 있다.

　물론 말처럼 쉽지는 않겠지만, 사실 불가능하거나 정말 도저히 어려운 일은 아니라는 것이다. 무작정 기준만 높게 잡아놓고는 나는 안 된다며 못 한다며 포기해버리는 것은 사실 스스로 자신이 없어서 혹은 하기 싫어서 변명거리를 찾는 게 아닌가 싶다. 나는 이런 건 '원래' 못한다면서. (원래가 어디 있나!) 그러나 인정할 건 인정하자. 못해서 포기한 게 아니라, 애초에 포기했기 때문에 시작할 수 없었던 것이다.

이왕이면 우주의 '개성 있는 먼지'로

　　　　　　　　　다들 평범하게 사는 게 제일 어렵다고들 한다. 아무런 풍파 없이 잔잔하고 무난하게 말이다. 그렇게 따지면 뭐 하러 어렵게 노력해가면서 평범하게 살아야 하나 싶다. 그냥 나 생긴 대로 내가 원하는 대로, 인생의 롤러코스터를 충분히 느끼고 무서워도 했다가 스릴도 느꼈다가 소리도 질렀다가 그렇게 즐기면서 나대로 사는 게 제일 멋지고 특별한 인생이라고 본다.

이미 우리가 태어나기를 이 세상에 유일무이한 존재로 태어났는데, 괜히 다른 사람들의 시선에 맞춰, 사회의 기준에 맞춰 사느라 혹은 용기가 없다는 핑계로 더 폼날 수 있는 인생을 포기하지 않았으면 한다. 어차피 사람들은 생각보다 나에게 관심이 없고, 어떤 일이든 시간이 지나면 무뎌지기 마련이고, 우린 아직 젊으니까 말이다. 그리고 하나 더, 모든 일에는 생각보다 용기가 반드시 필요한 것도 아니다. 다 닥치면 닥치는 대로 살게 되어 있다. (인간은 위대하다!)

내가 부자로 태어났든 아니든, 내가 예쁘든 아니든, 지금이 행복하다고 느끼든 아니든, 나의 의지와 상관없는 것들을 빼고서라도 우리는 지금 여기에서 살고 있다. 어차피 자야 될 잠, 더 편한 곳에서 두 발 뻗고 푹 자면 좋고, 어차피 삼시 세끼 먹어야 될 밥, 더 맛있는 것을 더 많이 먹으면 좋다. 어차피 매일 가서 시간을 때워야 하는 학교나 회사에서도 이왕이면 스트레스 덜 받고 공부도 더 잘하고 일도 더 잘할수록 당연히 좋겠다.

또 거슬러 올라가자면, 태어나고 싶어서 태어난 사람도 이 세상에는 없다. 모든 탄생은 원래 비자발적인 것 아닌가. 그렇지만 이왕 태어난 김에 더 행복하고 폼나게 사는 인생은 자발적일 수 있다.

우주에서 보자면, 우리는 먼지보다도 더 작은 존재에 불과하다고 한다. 그러니 아웅다웅 살 필요 없다고 하지만, 이왕이면 우주 저 멀리에서 봐도 반짝반짝 빛나는 먼지가 된다면 얼마나 근사한가?

가만히 있으면
중간도 못 간다

내가 회사에 입사해 처음 사회생활을 시작한 나이가 스무 살이었다. 그 전에는 아르바이트라곤 웨딩홀에서 주말마다 해본 것이 처음이자 마지막이었다. 심지어 고작 두 달밖에 하지도 않았다. 대학 2학년이 된 4월에 운 좋게도 취업에 바로 성공했고, 그렇게 대학 생활도 별로 즐겨보지 못하고, 사회생활의 경험도 별로 없는 상태에서 회사를 다니기 시작했다. 내가 가는 곳이 학교인지, 회사인지. 마치 고등학생 때 교복 입던 그 느낌으로 유니폼을 꺼내 입고, 책가방 싸듯이 캐리어를 끌고 그렇게 회사를 갔다. 당시 내 목표라고 한다면 그냥 하루하루 문제없이 비행을 잘 다녀오는 것, 그 이상도 이하도 아니었다. 내가 이 회사를 얼마나 다닐지, 회사에서는 무엇을 이루어낼지, 아니면 앞으로의 내 인생이 어떻게 굴러갈지 따위의 계획은 아무 생각도, 욕심도 없었다.

그런데 회사는 회사였다. 회사는 학교가 아닌데, 학교 가는 것처럼 회사를 갔으니 회사생활이 제대로 돌아갈 리가 없었다. 학교는 내가 공부를 잘하든 못하든, 큰 사고만 치지 않고 출석만 잘하면 알아서 시간이 흘러 2학년이 되고 3학년이 된다. 심지어는 잘 다녔다고 졸업식을 열어주고 졸업장도 준다. 그런데 회사에서는 빠지지 않고 제시간에 출근하는 건 너무 기본이고, 알아서 때가 됐다고 진급을 시켜주거나 보너스를 주지도 않는다. 진짜 꾹꾹 참고 참으면서 온갖 '노오력'을 통해 버텨야만 한다. 그래야 내가 하는 만큼, 보여주는 만큼 인정이라도 받을 수 있고, 인정을 받아야 승진이든 뭐든 기회가 생기고, 기회가 나한테 생겨야 또 그 기회를 잡든지 말든지 하고, 기회를 잡았다고 해서 끝도 아니다. 또다시 하는 만큼 보여주는 만큼 인정받기를 반복해야 한다. (지겹다!) 그리고 결정적으로는 그렇게 끝도 없이 열심히 다녔던 회사를 그만두는 순간에도 회사는 나를 아쉬워하거나 고생했다고 위로해주지 않는다는 것이다.

내가 처음 입사해서 그렇게 별 생각 없이 그냥 하루하루 비행만 잘 다녀오던 와중에, 굉장히 열의에 가득 찬 동기들이나 후배들이 있었다. 쉬는 날에도 서로 모여서 인생 계획을 짜고, 첫 진급 기회를 함께 잡자며 전략도 짰다. 스터디를 만들어서 업무 정보를 꼼꼼하게 공유하고 승진에 도움이 되는 관련 외부 시험에 대해 함께 공부하기도 했다. 심지어는 이제 막 입사해서 신입이자 아직 인턴사원인 후배들도 그랬다.

'대단들 하다. 아주 야심차네'라고 생각하면서 속으로는 위기감이 느껴졌다. 그렇게 열심히 하는 동료들 덕분에, 그냥 하루하루 비행만 잘 다녀오는 나로서는 딱히 못한 것도 아니고 사고를 친 것도 아닌데, 괜히 뒤처지기 시작한 것이다. 그때 이곳은 학교가 아니라 회사라는 사실을 깨닫고 정신이 번쩍 들었다. 학교는 그냥 살아가는 곳이었다면 회사는 살아남아야 하는 곳이었고, 선배, 동기, 후배 모두와 경쟁해야 하는 곳이었다.

경쟁보단
공생과 공유를

그래서 나는 혼자 열심히 그들과의 경쟁에 대비하기 시작했다. 늦게나마 혼자 시험 공부도 하고, 앞으로 회사에서 나의 목표는 어떻게 되는지 계획도 세우면서 말이다. 그런데 하필 그때 나의 인생관은 '어렵고 복잡한 일을 간단하고 쉬운 듯이 해내는 것'이었다. 그래서 주변 누구에게 물어보지도 않고, 얘기하지도 않고, 혼자서만 열심히 계획을 짜고 공부를 했다. 그리고 결과적으로 이 전략은 실패했다. 혼자서만 꽁꽁 숨어서 하다 보니, 여러 가지 정보들에 뒤처졌고, 부족하거나 어려운 부분들에 도움을 받기도 어려웠다. 열심히는 했지만, 말 그대로 전략에 실패한 것이다. 이제는 옛날처럼 혼자 방구석에서 고시 공부하듯 하는 시대는 지났고, 효율적인 전략이 필요한데 그것을 위해서는 정보공유와 공생이 필요하다는 것을 깨달았다. 요즘 대세가 된 공유경제처럼 말이다.

공유경제(Sharing Economy)란 물품을 소유의 개념이 아닌 대여와 차용의 개념으로 바라본다. 그리고 여기에서 경제활동을 끌어내는 것인데, 요즘은 물건이나 공간, 서비스까지도 빌리고 나누어 쓰는 데까지 나아갔다. 인터넷과 스마트폰에 기반한 세상이 되었기에 가능한 경제 모델이라고 볼 수 있다. 이제는 이 경제 모델이 모든 사회적인 문화와 분위기로 자리 잡은 듯하다. 앞에서 말한 열의에 가득 찬 동료들이 공유와 공생을 통해 전략에 성공한 것처럼 말이다.

다양한 정보가 넘처나고 접근이 쉬워졌기 때문일 것이다. 옛날 같으면 남들이 모르는 정보를 나 혼자만 알고 활용하는 것이 경쟁력이 되었다. 하지만 지금은 정보를 찾는 것은 누구에게나 너무 쉽고, 오히려 너무 많은 정보 때문에 뭘 믿어야 하는지, 뭘 골라야 하는지 헷갈리고 어려운 지경이다. 그래서 이제는 정보를 빠르게 공유하고 이 정보가 올바른 정보인지를 나누는 것이 가장 우선이 되고, 그 정보를 어떻게 활용하는지에 따라 개인의 경쟁력이 되는 것이다.

정보의 공유를 통한 공생뿐만 아니라, 이제는 업계 자체도 공유를 통한 공생을 하고 있다. 자동차를 공유하고, 옷을 공유하고, 공간을 공유하는 것에서 시작해 서비스를 공유하고, 플랫폼을 공유한다. 또 이제는 고객을 공유하기도 한다. 유튜브 같은 경우에도 채널을 운영하는 유튜버 간의 경쟁은 거의 없다. 유튜브라는 매체 자체를 이용하는 고객들이 많아질수록 서로 고객을 공유할 수 있기 때문이다. 유튜브를 보는 고객인 우리의 입장에서도, 한 유튜버의 채널을 본다고 해서 다른 채널을 안 보지는 않는다. 오히려 내가 좋아하는 같은 콘셉트의 채널을 묶어서 더 많이 시청할 것이다. 그래서 실제로 유튜버들은 주변에 더 많은 사람들에게 유튜버가 되라고 적극 추천한다고 한다. 어떤 이유에서든지 유튜브에 유입되는 고객이 많아질수록, 나의 잠재 고객도 많아지는 것이니까 말이다.

즉 옛날처럼 누군가를 밟고 올라가야만 하는 때는 끝난 것이다. 그런데 이 공생 때문에 (혹은 덕분에) 가만히 있으면 중간도 못 가는 사태가 생겨버렸다. 예전 같으면 욕심부리지 말고 무난하게 잘만 묻어가면 천천히 승승장구했다지만, 이제는 끼리끼리 공생해서 서로 윈윈하고 주거니 받거니 나눠 먹고 있으니, 가만히 있다가는 내 자리마저 잡아먹히게 생긴 것이다. 그 공생 관계에 나도 얼른 끼지 못하면, 점점 정보력은 떨어지고, 고독한 혼자만의 싸움이 되어버릴 것이다. 본격 '가만히 있으면 중간도 못 가'는 것이다.

함께할 때
살아남을 수 있다

회사를 나온 이후 나는 공유와 공생에서 뒤떨어진 듯한 느낌을 받기도 했었다. 소속되어 있다고 해서 크게 다를 것은 없었을 게 분명하지만, 어디에 소속된다는 것만으로도 안정감을 얻을 수 있다는 것은 부정할 수 없는 사실이다.

공생과 공유의 '공'은 '함께한다'는 의미다. 공유경제, 공생의 세계관에서 함께할 사람이 없는 상황은 불안함의 원인이 되기도 한다. 지금 내가 잘하고 있는지 알 수가 없으니까 말이다. 그렇기 때문에 자발성과 책임감을 더욱 뼈저리게 느끼고 있다. 소속된 집단이 없으니 시켜주는 사람도 없고, 내가 알아서 움직이지 않으면 아무것도 되지 않음을 알기 때문이다.

지금은 함께할 때 같이 살아남는 시대다. 살아남으려면 이 흐름에 발을 맞춰야 한다. 내가 아는 것, 내가 가진 것을 공개하고 나누어야 중간이라도 가고, 함께 시너지 효과를 낼 수 있기 때문이다. 그래서 나도 이제는 내가 아는 것과 내가 생각하는 것을 최대한 공유하며 나누고 있다. 함께 공생하고 윈윈하기 위해서. 혼자 집에서 컴퓨터를 두드리는 것보다는 사람을 직접 만나 이야기를 나누고, 혼자 책을 읽는 것보다는 사람들과 토론을 하면서 말이다. 또 같은 정보일지라도 그걸 받아들이는 사람의 능력에 따라 어차피 차이가 나게 될 테니까.

'나 혼자'가 아니라
'팀'이다

날마다 성장하는,
업글 인간

《트렌드 코리아 2020》(김난도 외 8인, 미래의 창, 2020)에 따르면 1980년부터 1994년 사이에 태어난 밀레니얼 세대들의 특징 중 하나로 '업글' 인간을 꼽았다. 업글은 업그레이드(Upgrade)의 줄임말로, '어제보다 더 나은 나'를 만드는 데 중점을 두는 특징을 말한다. 우리는 성공보다는 성장을 추구하며, 타인과의 경쟁보다는 자신의 삶 자체를 발전시키는 데 중점을 둔다고 했다. 그렇다. 우리는 업글 인간이다. 이런 청년 실업률과 구직난 사이에서도 꿋꿋하게 버텨내고 있고, 그 와중에도 한 자리에 만족하지 않고 계속 발전해나가고 있는 진정한 어벤저스급 업글 인간이다.

그렇다고 사람들이 모여 사는 세상인지라, 나 혼자만 잘한다고 잘 먹고 잘살 수 있는 세상은 아니다. 내가 아무리 잘나서 누구의 도움 하나 없이 혼자만의 노력으로 대학에 합격하고, 사업에 성공하고, 부자가 되었다 한들, 내 공은 반이나 될까. 그래도 교육을 제공해주는 학교가 있고, 정부에서는 창업을 지원해주기도 하고, 누군가는 돈을 쓰니까 내가 돈을 벌 수 있는 것이다. 나랑은 전혀 상관없다고 생각했던 세계는 연결되어 있고 그 속도는 점차 가속화되고 있다. 중국 우한에서 발생한 COVID-19가 이를 전 지구인에게 명명백백하게 증명해 보이기도 했다. 한 명이 백 명에게로, 한 나라의 바이러스가 전 세계로 퍼지면서 말이다.

이렇게 서로 촘촘히 연결된 세상, 나 혼자만 잘 먹고 잘산다고 될 일도 아니고, 뭔가 잘못된 일이 있다면 빨리 바로잡지 않으면 언제든 그 일은 우리 집 앞에, 그리고 직접 우리 눈앞에서 터질 확률은 계속해서 높아질 것이다. 밖에서 무슨 일이 터지든 안타까운 건 안타까운 거고 나한테만 피해가 오지 않으면 다행이라 여기지만, 과연 그런 일들이 나에게 영향을 주지 않는다고 어떻게 확신할 수 있을까?

앞으로 우리나라의 모습은 우리 청년들의 손에 달려 있다고 나는 믿는다. 청년들이 항상 여러 장르로 닥치는 '이 시국'을 어떻게 극복하고, 분위기를 끌고 가느냐에 따라 우리나라의 미래가 달라질 것이다. 그리고 가깝게는 자기 자신의 미래도 달라질 것이다. 우리가 할머니, 할아버지가 됐을 때 지금보다는 훨씬 더 좋은 환경에서 살아야 하니까. 그러니 적어도, 우리에게 돌고 돌아 영향을 끼치는 일에 대해서는 묵인하지 말고 서로 목소리를 내고 살자고 제안하고 싶다. 우리들의 미래가 달린 정책, 제도, 변화에 나 몰라라 하며 혼자만 업그레이드하는 것 말고 말이다.

밀레니얼 세대와
베이비부머 세대

　　　　　　　지금 청년의 중심이 되는 세대는 밀레니얼 세대와 그들의 부모 세대인 베이비부머 세대일 것이다.
　먼저 이 두 세대를 간략하게 설명하자면, 베이비부머 세대는 한국 경제가 크게 성장하는 시기의 주역이었고, 맨땅부터 시작해 얻은 직장에서 끈질기게 버티며 이루어낸 것이 많은 세대이다. 그리고 그의 자식들인 밀레니얼 세대는, 큰 경제성장을 겪은 베이비부머 세대로부터 많은 지원을 받으며 컸다. 교육도 충분히 받고, 해외여행을 가는 것도 크게 어렵지 않았다. 인터넷의 발달로 높은 정보력을 갖고 있으며, 다양한 정보의 상호 공유가 활발하게 이루어진다. 개인의 성취를 중요하게 생각하기 때문에 베이비부머 세대처럼 한 직장에서 버티며 일하지 않고, 자신의 가치나 방향에 따라 즉흥적인 선택을 서슴지 않는다.

이런 격차로 베이비부머 세대들은 밀레니얼 세대에게, 왜 더 열정 넘치게 성장을 이루지 못하냐며 이해하지 못하고, 끈기와 인내심이 부족하고 이상만 좇는다고 타박한다. 반대로 밀레니얼 세대는 베이비부머 세대에게 경제가 고속 성장했던 옛날과 달리 변해버린 세대의 환경을 고려하지도 않은 채 꼰대 같은 소리만 한다며 무시하곤 한다.

그런데 가끔은 이렇게 세대별로 특징과 격차를 구분하는 것이 오히려 갈등의 시발점이 된다고 느껴지기도 한다. 자연스러운 세대의 흐름일 뿐인데, 괜히 '나는 이렇고, 너는 이렇고, 그러니까 우리는 이렇게 달라!' 같은 느낌이다.

그러나 따지고 보면 이러한 서로 간의 갈등이 무색하도록 우리는 어차피 같은 시대 속에 살고 있다. 지금 우리가 겪고 있는 COVID-19도 다 같이 이겨내야 하고, 다가올 포스트코로나 시대도 같이 맞이해 적응해야만 한다. 시대의 흐름을 같이 겪고 있는 것이다. 또한 각자가 자기의 인생을 대하는 태도에도 차이는 없다. 모두가 지금보다 더 나아지고자 열심히 노력했고, 지금보다 더 잘 먹고 잘 사는 것이 제일 가치 있다고 여긴다는 사실에는 변함이 없으니까 말이다.

밀레니얼 세대의 청년이라고 해서, 모두가 밀레니얼 세대의 특징을 갖고 있는 것은 아니고, 베이비부머 세대라고 해서 모두가 고속 성장하는 경제발전의 덕을 공통적으로 본 것도 아니다. 그러나 지금 이 순간을 같이 살아가고 있다는 면에서 우리가 같은 문제를 같이 해결하는 한 팀이라는 사실은 분명하다. 그러니 반드시 공통되지도 않는 세대를 자꾸 나누면서 갈등을 조장하기 이전에 서로가 이 순간을 같이 살아가는 시대의 팀원임을 기억하자. 그랬을 때 책임감을 장착하고 같이 위기를 극복할 수 있을 것이다.

진정한
어른이 되자

세상에 완전한
어른은 없다

　　　　　　나는 아직도 내가 어른이 맞는지 잘 모르겠다. 어른이라고 하기에는 아직도 철이 없고 세상을 너무 모르고 그저 발랄하기 그지없다. 어려운 부동산 계약이나 연말정산이나 보험증권 같은 얘기가 나오면 머리가 복잡해지고, 부모님부터 찾게 된다. 친구랑 놀 때는 아직도 오락실에 가서 틀린 그림 찾기를 하고, 낙엽이 굴러가는 것만 봐도 그렇게 웃으면서 서로 우리는 왜 이렇게 귀엽냐며 난리다. 도저히 내가 서른이 넘었다는 사실을 인정할 수 없다.

그런데 그렇다고 어려운 계약을 쉽게 해내고, 오락실 따위는 가지 않는 것이 진정한 어른은 아니다. 어른이라고 해서 반드시 차분하고 성숙해야 하는 것도 아니다. 그냥 나이가 들고 성인이 되었으니까 나보다 어린 사람보다는 상대적으로 어른인 척하는 것이 맞는 것 같다. 몰라도 아는 척, 당황스러워도 당황하지 않은 척, 복잡해도 여유로운 척, 항상 현명하고 지혜로운 척. 사실은 우리 모두가 평생을 그냥 그렇게 어른인 척하면서 살아가는 어른아이인 것처럼 말이다. 피곤한 어른아이.

그렇다면 어른의 기준은 무엇일까? 보통은 자기의 삶을 주체적으로 선택하고 책임질 수 있다면 어른이라고 한다던데, 이 또한 참 애매한 것 같아서 조금 더 파고들어 명확한 기준을 세워보았다. 먼저 주체적으로 원하는 것을 선택하기 위해서는 경제적인 독립이 선행되어야 한다. 모든 선택에는 경제적인 대가가 따르기 때문이다. 내가 하고 싶은 것, 먹고 싶은 것, 사고 싶은 것을 내 돈으로 직접 할 능력이 안 된다면, 주체적으로 마음껏 선택할 수 없고 누군가의 허락이 필요해 눈치가 보일 수밖에 없다. 그리고 선택한 것을 스스로 책임질 수 있을 때야말로 드디어 정신적인 독립까지 되었다는 것을 의미한다. 내가 선택한 것이 좋은 결과를 가져오든 나쁜 결과를 가져오든 누군가에게 의지하거나 탓하지 않고 충분히 받아들일 수 있을 때 말이다.

부모님께 손 빌리기는
이제 그만

어른의 조건 중 가장 기본적인 것은 경제적 독립이라고 할 수 있다. 단순히 돈을 많이 벌어야 한다는 것이 아니라, 최소한 하루 벌어 하루는 먹고살 수 있어야 한다는 의미다. 적어도 내 밥그릇은 내가 챙길 수 있을 때, 그리고 그 능력과 책임이 부모에게서 독립되어 오로지 나의 것이 되었을 때 우리는 경제적인 독립뿐만 아니라 정신적인 독립이 가능한 환경을 만들 수 있다.

인터넷에서 이런 글을 본 적이 있다. 어느 부모는 3~4살 어린 자식에게 경제 관념을 심어주기 위해 매달 (칭찬 스티커가 아닌) 칭찬 용돈을 주고, 그 안에서 아이에게 일정 정도의 생활비를 다시 받아냈다고 한다. 사실 그 어린아이가 용돈을 모아서 뭘 먹거나 살 것도 아니고, 용돈을 준다 한들 부모 자식 간에 생활비를 꼬박 정산할 필요도 없으며, 심지어는 아이가 기억을 할지도 잘 모르겠지만 말이다. 어려서부터 돈의 개념과 가치를 확실하게 알게 해주고, 아이가 자기 손에 쥐어진 금액을 관리할 수 있도록 스스로의 기준을 마련해주기 위해서였을 것이다. (우리 어렸을 때는 세뱃돈도 뺏겼는데 말이다!)

그런데 우리는 3~4살도 아니고 부모님이 주시는 용돈에 언제까지 마냥 의지할 수는 없으니, 직접 돈을 벌고 관리할 줄 알아야 한다. 비록 현재 여러 가지 이유로 청년실업과 구직난이 심각한 것은 사실이지만, 반대로 보면 지금처럼 돈을 벌 수 있는 수단과 방법도 다양한 시절도 없다. 그런데 대부분은 제대로 된 회사에서 매달 평균 이상의 월급을 받고 겉으로 보기에도 그럴싸한 직장을 구하려고만 한다. 누구나 원하는 좋아 보이는 길로 진입하려고 기대하는 것인데, 이것이 첫째로 우리의 독립을 막는다. 관점만 살짝 돌려보면 길은 다방면에 펼쳐져 있으니, 일단 어떤 일에든 뛰어들어 내 힘으로 벌어보기 바란다.

그리고 내 힘으로 번 돈이라면, 경제의 주도권도 확실하게 가져와야 한다. 다른 말로는, 부모를 포함한 남들과 나 사이에 경제적인 경계를 정확히 하고 직접 관리할 줄 알아야 한다. 간혹다 큰 자식들에게 돈을 잘 관리해줄 테니 월급통장을 맡기고 용돈을 받으라고 하는 부모도 있다. 물론 진짜 알뜰하게 잘 관리해줄 수도 있겠지만, 내가 열심히 일해서 번 돈인데 용돈을 받는다니, 억울하지 않은가. 그렇게 해서는 부모의 품을 절대 벗어날수도 없으며, 사회 구성원으로서 기본이 되는 경제 상식이나 경험도 직접 쌓을 수가 없다. 혹은 친구나 연인, 선후배 사이에서도 큰 금액이든 적은 금액이든 경계가 정확하지 않으면 곤란한일들이 생기기 마련이다. 큰 돈을 빌려줬다가 받지 못하게 될 수도 있고, 더치페이에서 자꾸 몇백원씩 떼먹는 친구 때문에 사소한 감정이 쌓이고 상해서 멱살을 잡게 될지도 모른다.

또 경계를 정확히 하기 위해서는 내 돈만 아까운 것이 아니라는 것도 알아야 하고, 그동안 부모님의 무조건적인 지원이 당연하지 않았다는 것도 알아야 한다. 개인적으로는 여유가 된다면, 부모님께 경제적인 보답을 돌려드리는 것도 굉장히 중요하다고 생각한다. 위에 3~4살 아이가 생활비를 부모님께 드렸던 (혹은 뺏겼던) 것처럼 말이다. 그러면 나머지는 정당한 나의 것이 된다. 혹은 자기만의 경제 관념을 만들기 위해서는 적금, 펀드, 주식 등을 어린 나이부터 경험하는 것이 필요하다. 당장 큰돈이 필요한 나이도 아니고, 설령 돈을 다 잃는다고 하더라도 충분히 다시 일어설 수 있으니까 더 빠르면 빠를수록 좋다.

언제까지 엄마가 치워준 방에서 살 것인가

유럽이나 미국 같은 서방 국가는 비교적 어린 나이 때부터 부모로부터 독립해 사는 게 일반적이다. 가족중심주의보다는 개인주의가 발달한 문화의 영향도 있겠고 개인의 경제적 자립과 사생활을 중요시하는 영향도 있을 것이다. 반면 우리나라는 성인이 되어도 독립하기가 참 쉽지 않다. 우선 주거비용이 많이 들고, 안정적인 수입이 보장되는 일자리를 찾기가 쉽지 않다. 가정을 꾸려 독립하는 것은 배우자를 먼저 만나야 하니 하늘의 별 따기 같고, 무엇보다 가족들과 함께 사는 안정된 환경을 벗어난다는 마음을 먹기가 가장 힘들다.

그런데 내가 아무리 돈을 벌고 경제적인 독립을 해서, 원하는 것을 내 돈으로 당당하게 사고, 먹고 싶은 것을 내 돈으로 사 먹을 수 있다고 해도, 계속 부모님 집에 얹혀 산다면 나는 언제나 부모님의 철없고 부족한 어린 자식임을 벗어날 수가 없다. 아무리 밖에서 현명하고 지혜로운 어른인 척해도, 부모님 앞에서는 어리광 가득한 아이가 될 수밖에 없으니까 말이다. 눈앞에 나를 언제나 아껴주고 걱정해 주는 가족들이 있으니, 좀만 어려워도 도와달라며 투덜대고 싶은 것도 어쩌면 당연하다. 그러나 그만큼 진정한 어른으로서의 자아 독립은 더 어려워지고 오래 걸리게 될 것도 분명하다.

정신적인 독립을 위해서는 내가 스스로 선택한 것에 스스로 책임질 수 있는 환경 자체를 먼저 만들어야 한다. 집이 아무리 지저분해도 이러나 저러나 그게 싫다면 내가 직접 치워야만 하고, 아무리 하기 싫어도 이러나 저러나 내가 직접 세탁기를 돌리고 빨래를 널어야만 하는. 쓰레기가 쌓여서 집에서 냄새가 진동하는 게 싫다면 내가 직접 양손 가득 들고 나가 분리수거를 해야만 하고, 불이 나갔다면 새로운 전등을 사 와서 직접 갈아 끼워야만 하는 환경 말이다. 어떻게든 나 혼자서 살아내야만 하고, 문제가 생기면 스스로 해결해야만 하는 환경. 말 그대로 집을 벗어나 독립을 해야 한다는 것이다.

이런 행동에서부터 우리는 자기 자신을 책임지는 연습을 할 수 있다. 내가 혼자 살기로 선택했으니, 부모의 도움 없이도 하루 하루 살아가는 것부터가 책임을 지는 것의 시작이다. 집에 필요한 가구와 소품을 사고, 인테리어가 맘에 들든 아니든 어떻게든 사는 것도 책임을 다하는 것이 된다. 청소하지 않았다면 더러운 곳에 사는 것은 내가 되고, 문제가 생겼는데 해결하지 않으면 불편한 상황을 감수해야 하는 것도 내가 되는 것. 모두 어른이 되는 연습이다.

내가 내 옆구리를 찔러서
벗어나라

'캥거루족'이라는 말이 있다. 학교를 졸업해 자립할 나이가 되었는데도 부모에게 경제적으로 기대어 사는 청년들을 일컫는 용어다(출처: 한경 경제용어사전). 물론 지금은 청년 실업 상황이 좋지 않아 실제 독립이 어려울 수 있다. 그러나 중요한 것은 내가 내 옆구리를 찔러서 스스로 캥거루 주머니를 벗어나고자 하는 의지가 있느냐는 것이다.

만약 누군가 남이 시켜서 하거나, 어쩔 수 없이 억지로 하는 독립은 그냥 쫓겨나는 것에 불과하다. 괜한 반항심만 가득해질 것이다. 대신 어차피 언젠가는 하게 될 독립, 경제적 독립이든 환경적 독립이든 내가 먼저 나서서 한다면 그 의미는 크게 달라질 것이고, 사실 이 정도 나이 먹었으면 혼자 살아남을 줄도 알아야지 뭐.

투자를 경험하세요

저는 스스로 돈을 벌기 시작하면서 바로 주식투자에 뛰어들었습니다. 당장 결혼을 해야 하는 것도 아니고 큰돈이 나갈 데가 있는 것도 아니니, 이렇게 위험천만(?) 하면서도 인생 한 방을 노려볼 경험을 해볼 수 있는 것은 지금뿐이라는 생각이었죠. 처음에는 뭣도 모르고 그냥 했습니다. 경제나 시사 상식도 하나도 없으면서 그냥 이름있는 대기업 주식을 한 번에 다 사들였고 운 좋게도 돈을 좀 벌었습니다. 지금 생각해보면 분명 당시에 주가가 올라갔던 데는 이유가 있었을 텐데, 그건 전혀 모르면서 그냥 넣어두기만 했는데도 돈이 불어나는 걸 보고 신이 나서 또 다른 주식을 막 사들였습니다. 그리고 당연히 다음에는 돈을 많이 잃었죠. 역시 사람은 잃어봐야 정신을 차린다고, 그제서야 왜 주가가 떨어졌는지, 무슨 이슈가 있었는지, 참고 기다려야 하는지 아니면 손해를 보더라도 지금 당장 빼야 하는지, '공부'를 하기 시작했습니다.

아직도 예금이나 적금만이 저축하고 돈을 모으는 방법이라며, 20대가 주식이나 부동산을 한다고 하면 마치 노력은 하나도 안 하면서 인생 한방만 꿈꾸는 철없는 청년 보듯이 하기도 합니다. 아니 근데 요즘 같은 현실에서 대체 어느 세월에 돈을 모아 집 한 채라도 장만할 수 있단 말입니까. 대출 없이 집을 얻으려면 평생 아껴 쓰고 모아도 퇴직할 때나 가능한 게 사실이죠. 그럴 바에는 대출을 끼더라도 어서 빨리 좋은 집에 살며 또 팔기도 하고 다시 사기도 하면서 키워가는 것이 훨씬 낫습니다. 인생의 목표가 집을 사는 것은 아니니까요.

게다가 직접 돈을 잃어봐야 돈을 버는 법이죠. 정확하게는 돈을 잃어봐야 돈의 소중함도 깨달을 수 있고, 돈의 가치가 변해가는 것을 내 두 눈으로 직접 보고 경험하는 것이야말로 진짜 돈을 벌 수 있는 시작이 됩니다. 내 돈은 잃기 싫고 수익은 많이 보고 싶으니 자연스레 경제, 경영, 정치 등에도 관심이 생길 것이고, 여러 시사 상식들도 쌓일 것입니다. 책만 읽고 뉴스만 보면서 이론적으로 공부하는 것과는 비교도 안 될 정도로 말이죠.

그리고 가장 중요한 것은, 그런 경험이 빠르면 빠를수록 좋다는 것입니다. 리스크가 적으니까요. 저 또한 사회 초년생일 때 (자산이 적을 때) 겪어봤으니 '좋은 경험이었다', '값비싼 수업이었다' 말할 수 있지, 만약 지금에서야 눈을 떴다면 감당할 수 없었을지도 모릅니다.

그러나 주식이나 부동산은 위험한 투자인 것이 맞습니다. 그래서 그만큼 공부와 연구가 필요하고, 절대 다른 사람에게 휩쓸려 해서는 안 되며, 스스로 결정하고 책임질 줄 알아야 합니다. 괜히 누구 따라갔다가 망해서 서로 멱살 잡고 관계가 틀어지지 않으려면 말이죠.

2장

현실 Self-up, 무기력에서 벗어나자

편안함과 익숙함에
속지 마라

편안해지자 발전이
멈췄다

　　　　　　나는 승무원이 되어 비행을 시작하기 전까지 비행기를 타본 것도 손에 꼽고, 해외여행이라곤 딱 한 번밖에 경험한 적이 없었다. 그래서 더더욱 승무원이 되어 비행을 한다는 게 참 신기하고 설레었다. 비행기에 탑승하는 손님들에게 인사를 건네는 게 마치 유명인을 만나 인사하는 것처럼 떨렸고, 처음 타는 항공기를 공부하는 것도 비행 업무를 배우는 것도 너무 어려워 매 비행 때마다 긴장됐다. 비행이 끝나고 내리는 승객들에게 인사를 할 때는 그새 정이 든 건지 눈물이 날 것 같았던 적도 있다(물론 첫 비행 한 번뿐이었지만!). 처음 가는 나라나 도시에서는 자는 시간도 아까워 삼결에 해롱 거리면서도 이곳저곳 돌아다니며 구경하고 사진 찍느라 바쁜 것도 너무 즐거웠다.

그러다 마의 3년 차가 되니, 웬만한 곳은 두어 번씩 다녀온 상태가 되었다. LA는 가고 싶지만 뉴욕은 싫고, 치앙마이는 가고 싶지만 방콕은 가기 싫다는 티를 내며 감히 불평불만을 늘어놓을 수 있는 수준이 된 것이다. 유명하다고 대표되는 랜드마크들은 다 다녀와서 시시하게 느껴지고, 매일 갈 때마다 같은 호텔에 묵다 보니 유명 호텔도 제2의 집처럼 느껴지기까지 했다. 마치 무슨 몇십 년 비행한 사람마냥 후배들에게는 잘 놀고 오라며 나는 호텔에 처박혀 나가지를 않았다. 어쩌면 그때부터 귀찮다는 이유로, 편한 게 좋다는 이유로 승무원이라는 직업이 갖는 가장 큰 장점을 조금씩 놓치기 시작한 것 같다.

그러다 6년 정도 되니 드디어 일이 더 이상 어렵지 않았다. 연차가 쌓일수록 후배들이 많아졌고, 사소한 사건 사고에도 휘말리지 않을 수 있었다. 나에게 어떤 임무가 갑자기 주어져도 무리 없이 해낼 수 있었고, 덕분에 내일의 비행이 걱정되거나 부담되지 않았다. 마음은 한결 가벼워졌고 적당히 잘하고 사고만 안 치면 다행이라며 그렇게 비행을 다녔다. 분명 한때는 그렇게 설레고 즐거워 했었는데 말이다.

워라밸은 내게
'인생무상'을 줬어

　　　　　　　일이 어렵지 않고 직장에서 더 이
상 긴장이나 부담감이 없어지니 '나도 드디어 워라밸을 맞출 수
있는 수준이 되었구나' 뿌듯했다. 이전에는 비행을 준비하는데
도 한나절, 비행이 끝나고 에너지를 회복하는데도 한나절이 걸
렸는데, 이제는 그렇지 않으니까! 그래서 비행이 없는 자유시간
을 잘 활용할 수 있을 줄 알았다. 일하면서 쓰일 에너지를 아끼
고 모았다가 호텔에서 쉬는 동안 혹은 한국에 있는 동안 무슨 공
부를 하든지 책을 읽든지 나의 미래를 위해 자기계발을 해야겠
다고 말이다. (언제까지 비행만 할지도 모르는 일이니까.)

　그런데 에너지를 아끼는 것까지는 가능했는데, 그것을 모아
서 다른 데 활용하는 건 쉽지 않았다. 오히려 아끼고 모을수록,
내가 가진 에너지 총량은 점점 떨어졌다. 마치 기초대사량처럼.
일상에서 가장 많은 부분을 차지하는 것이 직장이고 비행이었는
데 그 비행에서 긴장이 풀려버리니, 일상생활에서도 아무런 긴
장감이 들지 않았던 것이다.

　안 움직여 버릇하니까 조금만 움직여도 귀찮고 힘들고, 계속
편해 버릇하니까 좀만 어려워도 하기가 싫었다. 긴장 가득 열심
히 일할 때는 오히려 쉬는 날에도 열정 넘치게 돌아다녔고 다른
개인적으로 해야 할 일들도 놓치지 않으면서, 놀 때도 최선을 다

해 놓았는데 반대로 일도 어렵지 않고 시간도 많아지자 '아직 여유 있으니까 괜찮아' 하면서 모든 일에서 영혼이 빠져버린 것이다. 그냥 '인생무상'이었다.

그렇게 비행도 아무 생각 없이 하고, 쉬는 날에도 어영부영 집 안에만 처박혀 무기력하게 시간만 보내기를 몇 개월이 흘렀다. 하루하루 지루하기 그지없는 똑같은 일상들이었다. 개인적으로도 회사에서도 아무 목표가 없고 욕심도 없었다(그냥 생각 자체가 없었다).

내가 그렇게 멍 때리던 사이에 주변 동기들이 회사에서 계속 성과를 내며 능력을 인정받아 앞으로 나아갔고, 쉬는 날에는 친구들과 예쁜 곳에서 맛있는 것 먹고 신나게 놀며 불같은 연애를 자랑하고 있었다. 또 다른 친구들은 그새 꿈을 이루어 새로운 직장을 얻기도 했고 진짜 자기의 길을 찾아 열심히 달려가고 있었다. 친구들의 바쁘면서도 열정 넘치고 즐거운 모습들을 보니까 너무 부러우면서 나는 왜 이러고 앉아 있는지 괜히 비교가 됐다. 오히려 겉보기에 나는 직장도 있고 돈도 잘만 벌고 있으니 문제없이 편안한 듯 보였지만, 사실은 그냥 쳇바퀴 도는 햄스터처럼 인생의 의미를 잃어가고 있었던 것이다. 그러다가 주변 친구들의 모습에 자극을 받아 '이제 뭐라도 좀 해볼까?' 마음먹었을 때, 나는 도저히 이 편안함과 익숙함을 벗어날 수가 없고, 벗어나기 싫어한다는 것을 깨달았다. 나는 머릿속에서만 미친 듯이 움직이고 있었고, 몸은 그대로 침대에 있었다.

배울 것을
찾지 않는 것일 뿐

매일 로봇처럼 영혼 없이 일어나 회사를 가고, 매일 반복되는 업무를 하는 생활. 그래도 신입이었을 때는 설레는 마음이 커서 하루하루가 무언가 특별하게 느껴진다. 그러다 어느새 업무에 적응이 되고 일상생활이 익숙해지고 나면 갑자기 목표를 잃은 것 같은 순간이 온다.

그동안은 대학을 위해 공부를 하고, 취직을 위해 스펙을 쌓고, 어서 빨리 업무에 적응하기 위해 '미생' 같은 신입 생활을 하며 그렇게 나름 치열하게 살아왔는데, 갑자기 이게 내가 바라던 삶이 맞는지, 무엇을 위해 이렇게 열심히 하고 있는지 현실을 자각하게 되는 것이다. 앞으로 큰 변화가 없고서는 30년은 족히 회사를 다니며 일을 하고 돈을 벌어야 하고, 열심히 돈을 모아야 하는 이유는 너무나 먼 미래인 노후를 준비해야 하기 때문이란다. 벌써부터 뻔하고 갑갑한 미래가 그려지니, 참 그럴 만도 하다. 예전처럼 친구들과 멀리 여행을 떠나는 것도 큰 결심이 필요해졌고, 하기 싫다고 회사를 쉽게 때려치우지도 못할 테고, 하다 못해 파격적인 염색도 앞으로는 못 할 것이라는 걸 나도 은연중에 인정하게 되면서 무기력에 빠지는 것이다.

사실 회사에서는 아무런 사고 안 치고 누구랑 대판 안 싸우고 조용히만 다니면 오히려 다행이다. 회사생활을 어쩜 그렇게 무난하게 잘하냐는 소리를 들을지도 모른다. 그런데 문제는, 이런 안정감이 나의 일상생활에도 영향을 끼친다는 것이다. 자꾸 더 편한 것을 찾고, 더 쉬운 것을 찾고, 더 익숙한 것만을 찾게 만들면서 말이다. 처음에는 쉽고 편해서 좋을지 모르지만, 점점 인생이 지루하고 의미 없다는 것을 느끼게 되면 죄책감과 '현타'가 몰려오는 것이다. 이게 뭔지, 잘 살고 있는 건지. 예전의 나는 꿈도 크고 하고 싶은 것도 많은 그런 아이였는데, 지금의 나는 뭘 하고 있는 건지.

그럼에도 불구하고 이미 편하고 익숙한 것에 속아버려 '편한 게 최고'라는 무한 신뢰에 빠진 우리는 또 그냥 별 생각 없이 가만히 있는 것을 선택하게 된다. 귀찮게끔 벗어나서 힘을 내느니 제자리에서 편안하게 입으로만 자기 합리화를 하는 것이 쉬우니까. 그 합리화의 늪은 마치 개미지옥 같아서 빠지면 빠질수록 깊어지고 헤어나오기가 어렵다. 오히려 자기합리화하는 스킬만 늘어나서 누구도 반박하지 못하도록 만들기까지 한다.

그러나 오늘보다 더 즐겁고 더 신나고 더 특별한 인생을 원하지 않는 사람은 없다. 또 오늘처럼만 한다고 해서 내일이 오늘 같을 것이라는 보장도 없다. 만약 일상마저도 무료할 정도로 평탄하고 어제가 오늘 같고 내일도 오늘 같을 것이라고 생각한다면, 그리고 그냥 이대로 편하게 대충 살면 된다고 생각한다면, 스스로에게 혹시 지금의 상황을 벗어나기가 귀찮아서 현실을 합리화하는 것이 아닌지 가슴에 손을 얹고 물어봐야 할 것이다.

새로움에 근육이
붙을 때까지

새로운 것은 언제나 어색하고 불편하지만 설레고, 신기하고, 새로운 나를 발견하게 한다. 새로운 학교에 입학하고, 새로운 친구를 사귀고, 새로운 것들을 공부하는 것도 처음에는 어색하고 불편하지만 반대로는 설레고 신기한 것처럼 말이다. 나 또한 10년을 비행만 하다가 다시 새로운 사회에 신입으로 돌아갔을 때 너무 어렵고 불안했지만, 반대로는 앞으로의 인생이 기대되고 설레었다(그래도 꿈과 희망을 가질 수 있었으니까 그랬을 것이다). 백수가 된 이후로는 매일 집에서만 혼자 놀다가, 나름 큰 용기를 가지고 새로운 모임에 나갔을 때도 예상외로 너무 활발하게 모임을 즐기는 나의 모습을 발견하는 것도 꽤 신기한 경험이었다.

새로운 경험에 더해서 어렵고 힘든 것에 도전할수록 우리는 발전할 수 있다. 근력운동을 할 때 처음에는 덤벨 한 번 들어올리기도 어려웠던 것이 점점 근력이 생기면 들기가 어렵지 않은데, 그때 그 정도에서 멈춘다면 더 이상의 근육은 붙지 않는다. 조금 더 무거운 것을, 조금 더 노력해서 몇 번 더 들 때 근육은 붙는다. 더해서 먹고 싶은 것들을 허벅지를 꼬집어서라도 참고, 맛은 없지만 영양가만 가득한 것들을 귀찮게 손질하고 어렵게 챙겨 먹을수록 또 근육은 더 붙는 것처럼 말이다.

편안하고 익숙한 것들이 물론 쉽고 좋다. 그러나 그 순간을 조금만 벗어나면 익숙함에 가려져 있던 새로운 기회들이 보인다. 처음이라 어렵고 두렵지만 도전할수록 더욱 발전한 내 모습을 만날 수 있다.

도전은 둘째 치고 더 잘하거나 더 열심히 하는 것이 아직 귀찮고 싫은가? '이불 밖은 위험해'라며 아직 웅크리고 있는가? 일단 편하고 익숙한 것에 속지만 말자. 그다음으로는 이불 밖을 벗어나자. 생각보다 이불 밖은 위험하지 않다.

행동으로 시작해서
행동으로 끝나라

무기력도
학습이 되네요

        최근 세상 돌아가는 꼴이 우리를 무기력하게 만들고 있다. 도저히 혼자만의 힘으로는 해낼 수가 없고, 그 어떤 것도 나에게 변화를 가져다주지 않을 것만 같다. 인생 계획을 아무리 탄탄하게 세워두어도 계획대로 되는 일은 하나도 없고, 분명 온갖 스트레스를 받으면서도 매일 회사에 출근해 열심히 일하고 돈은 받는데 대체 왜 모이는 건 하나도 없는지 모르겠다. 게다가 예상치 못한 COVID-19의 습격으로 저마다 길을 잃고 방황하기 시작했다.

그래도 우리는 나태지옥 없는 한국에서 살고 있으니까 처음에는 나름 무기력에서 벗어나려고 노력한다. '그래도 열심히 하면 된다!'라는 열정 가득한 마음가짐과 함께. 그런데도 막상 내가 열심히 한 만큼 결과가 돌아오지 않으니 배신감은 크고, 차라리 노력도 안 하고 가만히나 있었으면 스트레스나 안 받고 중간이나 갔을 텐데 싶다. 연애는 사치가 되어버렸고, 통장은 여전히 마이너스를 찍는다. 평생 모은다 한들, 이 돈으로는 어디 발 뻗고 잘 곳을 마련이나 할 수 있을지 의심이 든다. 깊은 분노와 함께 악을 부리고 열정을 끌어올리는 것도 잠깐이지, 결국에는 분노하는 것도 소용없어 지쳐버리고 이렇게 무기력함이 당연해져 버린다.

학습된 무기력이란다. 세상에 학습해야 되는 게 얼마나 많은데, 하다못해 무기력까지 학습이 되어버린다. 내가 아무리 열심히 노력해도 바뀌는 것은 어차피 아무것도 없다는 무의식적인 생각이 들어 '싸워봤자 질 텐데 뭐' 하면서 싸워보기도 전에 꼬리를 빼고 도망가게 만들거나, 시작하기도 전에 포기를 선언하게 만드는 것이다. 이길 수 있는 게임일 수도 있는데 말이다. 하필 '무기력'이라는 단어가 존재하니, 우리는 쉽게 이 단어를 사용해 변명 아닌 변명을 하게 된다. '무기력해서 오늘은 좀 쉬어야겠어', '무기력하기 때문에 행동하지 못한다'고 말이다.

하지만 우리가 행동하지 못하는 이유가 이런 무기력 때문만은 아니다(진짜 무기력해서일 수도 있지만 솔직해지자). 오늘 운동을 가기로 계획했다고 가정해보자. 운동을 가려고 계획했던 시간은 다가오지만, 우리는 당장 일어나지 않고 침대에 누워 생각할 것이다.

'아, 운동 가야 하는데, 어떡하지? (뭘 어떡해.) 언제 일어나지? (지금) 몇 시에 갔다가 몇 시에 오지? (지금 갔다가 때 되면 오지.)'

그리고 이렇게 생각만 하는 사이에 어느새 30분이 지난다. 겨우 꿈틀꿈틀 일어나지만, 이제는 앉아서 또 생각한다. '날씨는 어떤지 찾아보자. 날씨가 흐린 게 곧 비가 올 것 같은데. 아, 지금 가면 얼마 못 할 것 같은데……. 가지 말까?' 생각하는 사이에 또 30분이 지난다. 1시간이 지나고 결국 우리는, '그래. 날씨도 안 좋고, 지금 준비하고 가면 어차피 얼마 못 하고 오는데, 이럴 바에는 안 가는 게 낫겠다. 내일 가서 정말 열심히 해야지' 하며 침대에 도로 눕는다. 이 경우 나는 무기력했기 때문에 운동에 가지 않은 것일까? 아니면 운동 가기 싫어서 적당한 핑계를 찾은 것일까?

부지런한
백수로 살다

　　　　　다른 제2의 인생을 만들어보겠다

고 항공사에 사표를 내고 백수 생활을 시작했던 초창기에, 주변 친구들은 여전히 직장을 다니느라 바쁘고 그 많은 시간에 나 혼자만 덜렁 남게 된 적이 있다. 하루 온종일 약속도 없고 할 것도 없으니 늦잠은 기본이고 집 밖에 나가지도 않았다. 햇빛도 안 보고 집에서 텔레비전과 핸드폰만 들여다보고 있으니 한없이 무기력해지기 시작했다. 간혹 친구가 만나자고 해도 의욕이 없고 귀찮고 '괜히 나가봐야 돈만 쓰지 뭐'라는 생각에 거절하기 일쑤였고, 밤이 되면 잠이 오지 않았다. 한 게 없으니 머리도 몸도 피곤하지 않아서 졸리지도 않고, 새벽이 되면 오늘 하루 아무것도 하지 않았다는 생각에 괜히 우울해지곤 했다.

그러다 문득 인터넷에서 어떤 글을 보게 됐다. 그 글에서 본인은 몇 년째 백수이지만 마치 회사원마냥 아침 일찍 일어나 부지런하게 준비하고 밖으로 나간다고 했다. 딱히 할 일이 있는 것도 아니지만, 그래도 저녁까지 서점도 가고 카페도 가고 정신없이 할 일을 만들어 밖에 돌아다니다가 들어온다고 했다. 그러면 적어도 부모님은 내가 바쁘게 생활하는 줄 알고 눈치가 덜 보인다며 말이다. 약간 웃기기도 하면서 대단하다고 느꼈다. 부모님의 눈치를 피하기 위해 나갔지만, 와중에 백수가 아침 일찍 일어나 준비하고 나간다는 것은 정말 엄청난 결심이 필요한 일이라는 것을 알기 때문이다.

다음 날에는 나도 그 글을 따라 아침 일찍 일어나 화장을 하고 옷을 차려입고 밖으로 나갔다. 아무 일정도 없지만 옷을 차려입고 화장을 하고 있으니, 어이가 없으면서도 나름 또 뭐 있는 것 같고, 바삐 뭐 하는 것처럼 느껴졌다. 아침 일찍 나오니까 딱히 갈 데도 없어서, 일단 일찍부터 문 여는 카페에 갔다. 자리에 앉아 둘러보니, 생각보다 사람들이 굉장히 많았다. 다들 뭘 그리 열심히 하고 있는지 너무 궁금하기도 해서 뭐 하느라 바쁘냐고 물어보고 싶은 지경이었다. 이왕 나왔으니 갈 곳 없는 사람들의 코스인 서점도 가봤다. 서점에는 또 얼마나 사람이 많은지, 나도 그 사이에 껴서 베스트셀러를 구경하고 책도 몇 권 들었다 났다.

집에 가려니 좀 아쉬워서 이왕 준비하고 나온 김에 친구에게 먼저 연락해 약속을 잡았다. 함께 저녁을 먹으면서 친구의 사는 얘기, 재밌고도 힘들고 신나고도 짜증 나는 얘기들을 들으니 한편으로는 자극도 됐다. 딱히 중요한 일을 한 건 결국 하나도 없었지만 집에 오는 길에는 그냥 기분이 좋았고 밤에는 잠이 솔솔 왔다.

나는 아직 약속이 없는 주말에도 가끔 혼자 일어나 씻고 화장하고 옷을 차려입는다. 그러고 나서 급하게 갈 곳을 찾고, 할 일을 찾고, 약속을 잡는다. 가끔은 아무 약속도 안 잡히고, 도저히 할 것도 생각이 안 나서 (솔직히 그냥 나가기 싫고) 혼자 다시 세수를 하는 나 자신이 어이가 없기도 하지만, 그래도 씻지도 않고 하루 종일 침대에 누워 있는 것보다는 백번 나으니까.

특히 나는 앞에서 말한 것처럼, 운동을 갈 때 이 패턴을 잘 활용한다. 앞으로 몇 분 후에 침대에서 일어나 운동 갈 준비를 할지, 오늘 운동할 컨디션이 되는지 아닌지, 무슨 운동복을 꺼내 입을지, 운동을 하고 싶은 마음이 드는지 아닌지를 따지기 전에, 일단 자리에서 일어나 운동복을 챙겨 입고 운동화를 신는다. 심지어는 어떤 운동복을 입을지 고민하지 않기 위해, 똑같은 운동복을 몇 벌씩 가지고 있기도 하다. 그리고 괜한 생각과 고민이 많아지려고 하면, '일단 일어나서 옷 입고 생각하자', '일단 가면서 생각하다가 도저히 아니면 돌아오자'라는 마음가짐으로 움직인다. 그러면 어느새 생각은 '일단 일어난 김에 다녀오자', '일단 나온 김에 대충이라도 하고 오자'가 된다.

의욕이 먼저?
행동이 먼저?

　　　　　　　　무기력을 핑계 삼아 행동하지 않는다던데, 아이러니하게도 무기력을 탈출하는 방법은 다름 아닌 행동을 하는 것이다. 따지고 보면 지금까지 언제 우리가 그렇게 원하는 일을, 얼마나 강한 의욕이 생겨서 해왔던가. 사실 태어난 것도 내 의지는 아니고, 살아가는 것도 살고 있으니까 산다 정도일 뿐이다.

매일같이 회사에 출근하는 우리들도 무슨 애사심과 사명감에 불타올라 출근을 하는 것도 아니고, 집에 와서도 나의 밝은 미래를 위해 착착착 운동하고 자기계발을 하는 사람은 없을 것이다. 아마 다들 습관적으로 마음속 깊이 '돈 때문'이라는 당연하지만 작은 열정과 의욕을 끌어올려 한 달을 위로하며 사는 사람들이 대부분일 것이다. 완벽한 동기부여에 힘입어 엄청난 영감을 터트리고 의욕이 넘쳐흘러 하나부터 열까지 실천에 돌입하는 경우는 매우 드물고 또 어려운 일이다. 심지어 의욕은 넘친다고 하더라도 생각에서 행동으로, 의욕에서 실천으로 넘어가는 데는 수많은 나와의 싸움과 정신승리가 필요하다.

그래서 나는 잘 생기지도 않는 의욕을 찾는 이 단계를 과감히 생략하기로 했다. 순서를 아예 바꿔버려서 어차피 해야 할 것, '행동부터 먼저 하고' 의욕을 찾는 것이다. 마치 학창 시절 학교를 왜 가야 하는지, 공부를 왜 해야 하는지 몰랐지만, 그냥 다들 학교를 가니까, 엄마가 보내니까 가는 것처럼 말이다. 아무 생각 없이 간 학교이지만 모두들 빠짐없이 학교에 오고, 학교에 가면 시간 맞춰 수업이 시작되고 시험을 보고, 다들 앉아서 공부를 하니까 그렇게 덩달아서 학교 생활을 보내곤 한다. 그렇게 뭣도 모르고 시작한 일에서 옆자리 공부하는 친구를 보며 '나도 열심히 해야 하나? 나도 쟤만큼은 잘하고 싶다'는 의욕을 얻고, 학년이 올라갈수록 공부를 열심히 해야 원하는 대학에 진학하고 취업을 한다고 뻔하도록 외치는 부모님과 선생님들 덕분에 공부해야만 하는 동기부여를 (억지로라도) 얻는다. 한 번쯤은 열심히 공부해서 시험 성적이 잘 나온 덕분에 성취감이 생기고, 여기에 자신감이 붙으면서 공부를 좀 더 잘해 보고 싶다는 욕심이 생긴 적이 있을 것이다. 비록 행동으로 또 이어지진 않았더라도 말이다.

아무것도 못하겠다면
아무거나 하자

생각과 행동에는 이런 상관관계가 있다. 생각은 의욕으로만 끝날 수 있어서 반드시 다른 행동을 불러오지는 않지만, 행동은 반드시 크든 작든 다른 생각과 의욕을 불러온다. '나는 부자가 될 거야!'라고 마음먹었을 때 그것은 부자가 되고 싶다는 생각에서 끝날 수 있다. 하지만 만약 내가 이미 부자가 됐다면 혹은 부자가 되기 위해 열심히 노력하고 있는 과정이라면 의도하지 않아도 반드시 배우거나 깨닫는 것이 있고 느끼는 바가 생긴다. 이는 지금보다 더 부자가 되고 싶다는 의욕을, 어떻게 하면 더 부자가 될 수 있는지 생각하게 만들어준다.

하기는 싫지만 해야만 하는 일이 있다면, 최대한 생각하지 않고 행동을 시작해야 하는 이유가 여기에 있다. 그게 설령 단 1분뿐이었다고 하더라도 말이다. 원래 자리에 앉는 것이 어렵지, 자리에 한번 앉으면 책을 펴는 것은 어렵지 않으니까. 그리고 책을 펴는 것이 어렵지 이미 눈앞에 펼쳐져 있는 책이라면 한 줄 정도 읽는 것은 쉽다. 이왕 앉은 김에, 이왕 책 펼친 김에, 이왕 한두줄 읽은 김에 더 해야 하는 이유가 생기고, 읽다 보니 재밌어서 뒷 내용이 궁금해 끝까지 읽고 싶은 의욕이 생기는 것이다.

우리는 무기력해서, 의욕이 없어서 행동하지 못하는 것이 아니다. 행동하지 않기 때문에 무기력한 것이다. 그러니까 너무 무기력해서 아무것도 못하겠다는 생각이 든다면, 그냥 아무거나라도 하자. 갈 곳이 없어도 세수를 하고 밖으로 나가고, 할 것이 없으면 어차피 먹을 밥 요리라도 해서 먹고, 이왕 나간 김에 동네 한 바퀴 돌면서 사람 구경이라도 하자. 그다음부터는 쉽다.

자존감의 핵심은
주제 파악과 현실 인정이다

자존감 높이려다
있는 자존감도 놓친다

　　　　　　내가 대학생 때까지만 해도 '자존
감'이라는 단어를 접할 일이 별로 없었다. 관심이 없어서 잘 몰랐
던 것일 수도 있지만, 언젠가부터 갑자기 자존감 열풍이 불기 시
작했다. 모든 청년들이 갖고 있는 심리적인 문제는 자존감이 부
족하기 때문이라며, 자존감 부족한 사람들의 특징에 대해 늘어
놓고, 자존감을 높이려면 '자신을 사랑하라', '자기 자신을 칭찬하
라'와 같은 당연하면서도 좋은 얘기들에 대한 책이 잔뜩 나오기
시작했다. 나 또한 그런 책이나 동영상을 찾아보면서 '완전 나네,

완전 나야' 하며 내가 이제까지 힘들었던 이유는 다 자존감이 부족해서였구나 하고 혼자 공감하곤 했다.

그런데 웬걸 자존감을 높이고 싶다며 찾아본 책과 동영상을 보면 볼수록 아이러니하게 자존감이 더 낮아졌다. 자존감이 부족한 사람들의 특징을 보면서는 기억도 잘 나지 않는 옛날이야기까지 꺼내 애써 공감하고, 그 정도까지는 아닌데도 괜히 나는 스스로 자존감이 낮은 사람이라 여겼다. 자존감을 높이려면 어째라 저째라 하길래 나도 해봐야겠다고 하다가도, 글쎄 안 그래도 할 것도 많은데 그것마저 너무 과업처럼 느껴져서 피곤하고 괴로웠다. 또 시키는 건 많고 어떻게 해야 하는지 내가 알긴 알아버렸는데, 시키는 대로 다 지키지 못하는 나 자신에게 괜히 또 실망해서 '내가 그렇지, 뭐' 하며 자존감은 더 낮아진 것이다.

어쩌면 우리 자존감이 낮아지는 근본적인 이유는, 이미 내 안에 잘만 있는 자존감을 자꾸 더 높이려고만 해서일 것이다. 그냥 이미 내가 가지고 있는 자존감을 그대로 가져가면서 나를 있는 그대로 받아들이고 인정하면 될 텐데, 자꾸 나는 자존감이 낮다며 왜 자존감이 낮은지 과거를 찾아 꺼내려고 하니, 이건 뭐 자존감이 낮아지고 싶어서 노력하는 꼴이 되는 셈이다.

그러면서 자기 자신은 있는 그대로 인정하지 못하고, 남들보다 부족하다고 생각되는 점은 내 안에 꽁꽁 숨겨놓고 들키지 않으려고만 하니, 오히려 있는 자존감마저 깎이고 쓸데없는 자존심만 남는다. 굳이 자존감을 높일 게 아니라, 그냥 있는 내 모습 그대로 자존감을 지키기만 하면 충분한데 말이다. 그러면 굳이 자존감을 높이려고 온갖 책을 읽고 동영상을 찾아보고 아침마다 칭찬 일기를 쓰고 나의 장점을 나열하고 명상을 하는 등, 어렵게 시간 내어 노력하지 않아도 오히려 잘만 있던 내 자존감은 그대로 유지되고 시간이 지나면 자연스레 단단해져 높아질 것이다.

자존감과 고집,
객기는 다르다

자존감이 낮다고 스스로 말하는 사람일수록 사실은 내면에 자존감이 너무 높고 자존심이 셀 수 있다. 사실은 자신감이 너무 넘쳐서 자기애 가득하게 불가능할 정도로 닿을 수 없는 높은 기준을 세워놓는 것이다. 그래놓고 나는 왜 저 기준에 부합하지 않느냐며, 정말 자존감이 떨어진다고 자책하면서 말이다. 마음속으로는 자기 자신이 남들과는 다르게 뭐든지 잘하고 특별해야 한다고 여기지만, 사실은 남들과 다르지 않고 무슨 드라마 주인공인 것마냥 세상이 나를 위주로 돌아가지 않으니 괜히 혼자 자존심이 상하고 자존감이 떨어진다.

먼저 스스로 주제를 좀 파악하고 쓸데없는 자존심은 내려놓

자. 공부도 안 하면서 좋은 대학을 갈 수는 없는 것 아닌가. 또한 공부 잘했다고 누구든 사업에 뛰어들어 한 방에 성공할 수는 없다. 매주 로또를 산다고 해서 당첨되는 것은 아니며 연애를 시도하지 않으면서 결혼에 성공할 수는 없다. 그러니 좋은 대학을 못 갔다고, 사업을 한 방에 성공하지 못했다고 자존심 상해서는 안 된다. 결혼은 못 한 게 아니라 안 하는 거라는 말도 집어치우자.

나 자신을 알고 주제를 파악했다면, 현실을 적당히 인정할 줄도 알아야 한다. 부족하면 부족하다고, 어려우면 어렵다고, 맞는 건 맞고, 아닌 건 아니라고 말이다. 물론 열정 넘치게 도전하고 포기하지 않는 건 언제나 멋지지만, 끝까지 한계를 인정하지 않는 것은 자기 자신을 괴롭히는 '고집이고 객기일 뿐'이기도 하다. 만약 내가 공부를 못한다면 공부를 못한다는 사실을 인정하고 시간과 노력을 쏟아부어 공부를 해야지, '나는 머리는 좋은데 안 해서 그래'라는 핑계는 쓸데없는 자존심이 된다. (그럴 거면 진즉에 하지 그랬어.) 또 사업이 망해도 사업적 지식과 경험이 부족해 그럴 수도 있다고 인정하고 도움을 청하든 사업을 접든 해야지, '내가 실패할 리가 없다'며 끝까지 매달리는 것은 고집이고 객기다. 눈앞에 닥친 현실을 스스로 인정해야만 우리는 나의 부족한 부분을 채우려고 노력할 수도 있고, 어려운 것은 도움을 요청할 수도 있다. 자꾸 외면하는 것만이 정답은 아니다.

나의 경우엔 이렇게 자기 자신을 인정하고 드러내는 것이 스스로 자존심도 상하고 혹시나 다른 사람이 나를 얕보거나 불쌍하게 여길까 봐 부끄럽게 느껴지기도 했다. 그런데 따지고 보면 어차피 다들 남 아닌가. 남들이 나를 책임져 주는 것도 아니고, 남들이 내 자존감을 올려줄 것도 아니다. 또 생각보다 사람들은 나에게 하나도 관심이 없고, 다 자기 앞만 보고 달려가기 바빠서 내가 잘났든 못났든 금방 까먹어버린다. 그러니 다른 사람의 눈에 내가 어떻게 보일지를 걱정하느라 내 원래의 모습을 감추고 꽁꽁 숨기며 힘겹게 포장할 필요가 전혀 없다. 차라리 나약하고 부족한 자신을 포장하고 싶다면, 마치 뒤에 빵빵한 백이라도 있는 것마냥 당당하게 구는 게 나을지도 모른다. 나를 모르는 다른 사람들 눈에는 오히려 '백이 얼마나 든든하기에 저렇게 당당하지?'라는 착각을 하게 만들면서 말이다.

내 인생의 주인공은 나다. 그리고 내 인생에서 나는 분명히 반짝반짝 빛나고 특별한 사람임이 당연하다. 그러나 내가 이 77억 인구 중에서, 이 넓은 지구촌 세상에서 단독 주인공은 아니다. 반드시 유별나고 특별한 사람이어야 하는 것도 아니다. 적당히 주제 파악도 하고 현실도 인정하자. 그것이 오히려 그렇게 열풍이 불었던 자존감을 높이는 시작이 될 테니까.

나, 게으른
완벽주의자

이 책을 빌려 나도 내 주제를 파악하고 나 자신을 인정하려 한다. 나는 꼴에 완벽주의를 추구한다. 그래서 걱정도 많고 계획은 꼼꼼한데 계획대로 되지 않으면 또 불안해한다. 서툴거나 잘못하는 모습을 보이는 것을 부끄러워하고 손해 보는 것을 극도로 싫어한다. 그런데 너무 웃기게도 나는 그냥 완벽주의가 아닌, 한술 더 떠 '게으른 완벽주의'다. 뭐 하나 마음먹고 시작하려면 완벽해야 한다는 생각 때문에 계획하고 준비하는 데 열과 성을 다하지만, 막상 완벽하게 되지 못할까 봐 두려워서 호기롭게 시작하지 못한다. 그러면서 내 기준에 만족스럽고 완벽한 타이밍을 기다린다는 핑계로 시작을 미루고, 그렇다고 포기는 또 못 하니 계속 거기에 매달려서 아직 시작도 안한 일에 온갖 스트레스를 미리 앞당겨 받는다. 이런 내가 나도 싫고, 답답하기 그지없다.

한때는 '게으른' 나를 스스로도 받아들일 수 없고, 남들에게 들키고 싶지 않아서 그냥 '완벽주의'인 것처럼 굴었다. 나는 굉장히 정확하고 꼼꼼한 '완벽주의'이기 때문이라며 포장을 하고, 시작할 수 없는 이유 100가지를 만들어내 주변을 설득했다. 남들은 알고도 속아준 건지 아니면 정말 속은 건지, 다들 또 설득당해줬지만 사실 나는 합리화만 계속한 것이다. 그런데 밖에서는 그렇게 포장을 해놓고 집에 돌아와 내가 미루어놓은 일들을 눈앞에 놓고 보면, 나 자신이 너무 한심하게 느껴졌다. 이게 뭐라고 이렇게 시간을 쓰고 앉아 있는지, 매일 이런 식으로 하다 만게 얼마나 많은지……. 하나하나 따지고 보면 눈에 띌 만하게 한건 하나도 없으면서 밖에서 포장해댄 내 모습과 실제 내 '꼴'에괴리감이 몰려오고 나 자신이 싫어졌다.

그래서 이런저런 이유에서 한동안 자존감이 떨어진다며 내가 자존감이 부족해 게으른 것인가 하면서 혼자 자존감 높이기 프로젝트를 시작했다. 하라는 대로 나 자신을 소중하게 여기고 '내가 최고야', '내가 제일 멋져' 칭찬해주고 사랑해주니 갑자기 콧대가 높아졌다. 자존감을 낮추는 근본적인 원인은 해결되지 않았는데 콧대만 높아졌다니. 말 그대로 한낱 자존심만 남아, 나를 위해 날려주는 남들의 따끔한 충고와 일침은 받아들이지도 못하고, 오히려 들킨 것이 부끄러워 '네가 감히!'라며 욱하고 발끈했다.

나는 이제서야 인정하려고 한다. 나는 '완벽주의'도 아니고, 그냥 완벽하고 싶어 하는 '게으름뱅이'라고. 그리고 좀 게으르면 어떤가? 우리나라 대통령도 자랑스런 국가대표들도 또 존경하는 우리 부모님도, 세상 사람 모두 다 실수를 하고 늘 부족하게 사는데, 내가 뭐라고 완벽주의를 핑계 삼는단 말인가. 그냥 내주제를 알고, 부족한 걸 인정하고, 필요하다면 도움을 받아야겠다. 그러니 내가 또 완벽한 척을 하면서 온갖 핑계를 대고 말을 꾸며댄다면, "그냥 게을러서 그런 거 아니야?"라고 팩트 폭력을 날려주길 바란다. 대신 서툴거나 실수를 하더라도 괜찮다고 격려도 해주기를 (제발!) 바란다.

단점 말고
장점에 베팅!

단점 고치려다
장점을 놓쳤다

자기소개서에서 빠지지 않고 등장하는 것이 '자신의 장단점을 서술하시오'라는 항목이다. 시키는 대로 내 장점과 단점을 서술하면 될 것 같지만, 회사에서는 이 질문에서 얻어내고자 하는 정답이 따로 있다.

장점은 반드시 직무와 연관이 깊어야 하고, 단점은 직무에 크게 치명적이지 않아야 하며, 단점을 어떻게 보완할 것인지 혹은 어떻게 장점화시킬 수 있는지를 서술해야 한다. 모든 취업 준비생들이라면 반드시 들어봤던 내용일 것이다. 자기소개서나 면접에서는 이렇게 답변하는 것이 정답이라는 것에 나는 동의한다. 회사가 원하는 인재상에 부합해서 취업을 하는 것이 목표이니 말이다. 그러나 우리의 인생에 있어서도 이것이 정답일까?

사회생활을 하면서 나 자신에 대해 잘 알게 되는 뚜렷한 한 가지가 있는데, 내가 어떤 상황에서 어떤 것에는 강하고 잘하지만, 어떤 상황에서는 어떤 것을 못하고 어떤 사람하고는 잘 안 맞는지다. 점차 나이가 들고서 인생의 경력이 쌓이면서 자신의 강점과 약점도 자연스럽게 알게 되고, 잘하는 건 티도 냈다가 못 하는 건 뒤에 좀 숨기도 했다가 하는 인생의 요령이 생긴다.

그런데 이 강점과 약점을 알고 나면 꼭 강점은 좋은 것이니까 별로 신경 쓰이지 않지만, 부족한 나의 약점은 자꾸 신경이 쓰여서 이걸 어떻게 고칠 수 있을까 고민이 된다. 나름 고친답시고 억지로 노력은 해보지만, 잘 하지도 못하고 하기 싫은 걸 억지로 해대니 스트레스는 스트레스대로 받고, 자꾸 단점만 생각하니까 '나는 왜 이 모양이지'라며 자책감만 든다.

심지어는 잘하지도 못하는 걸 하겠다고 끙끙대며 노력했지만 원래 잘하는 애들에 비하면 발톱에 때 정도도 안 된다는 사실에 실망감이 찾아온다. 그렇게 단점에만 집착하는 사이에 오히려 내가 장점이라고 생각했던 내 모습까지 놓쳐버리고 나면 결국에는 이도 저도 아닌 상태가 되어버린다. 역시 자기소개서 따위는 자소설이고, 인생은 자소설대로 흘러가지 않는 것이구나.

여우짓으로는 저들을
이길 수 없었다

학창 시절 나는 주변에 친구들도 많고 노는 것도 잘하고 사람들이랑 어울리는 것을 좋아했다. 그런데 막상 사회에 나와 여기저기 왔다 갔다 비행하며 새로운 승무원들과 일하고 수많은 승객들을 만나다 보니 나는 그 정도까지는 아니라는 것을 알았다.

좋아하고 편한 사람들과 어울리는 것을 좋아했을 뿐이지, 사회에서 만난 사람과 만나는 데는 엄청난 에너지를 끌어올려야 했다. 그리고 혼자 조용히 그 에너지를 다시 충전해야 하는 사람이었다. 그래서 비행을 다녀오려면 정신적으로 엄청난 노력이 필요했고, 흔히들 말하는 여우 같은 '사회생활'을 잘하는 편도 못 됐다.

게다가 직업 특성상 워낙 성비도 치우쳐 있고, 사회생활의 농도가 짙은 곳이어서 오히려 (약간의 반항심도 더해져) 사회생활이 하기 싫어지기도 했다. 서비스라는 것은 항상 정답이 없고 보고서처럼 내 이름이 따라붙는 것도 아니니 내가 한 일을 인정받기가 참 어려웠다.

그런데 사회생활을 잘하면 남들보다 큰 실수를 해도 쉽게 잘 덮어지고, 조금만 잘해도 크게 칭찬과 인정을 받는 것을 보고 너무 억울했다. 티 내거나 생색내지 않고 열심히 일하는 나를 왜 아무도 알아봐 주지 않는지. 물론 지금 생각하면 그것도 회사에서 잘 살아남는 축복받은 생존 기술 중에 하나라는 것을 알지만 당시에는 어린 마음에 괜히 반감이 들었다.

그런데 회사는 학교가 아니고, 내가 못한다고 봐주는 그런 곳이 아니다. 나도 뭔가 살 길을 찾아야만 했다. 먼저 '그릇된' 사회생활을 통해서는 내 능력을 인정받고 싶지 않았고, 더 깊은 속내에서는 저들 사이에 껴서는 어차피 게임도 안 되겠다는 생각에 일찌감치 사회생활을 나의 전략에서 빼버렸다.

사회생활 안 한다고 뭐라 하더니

내가 못하는 걸 버리는 대신에 잘하는 건 뭐가 있을까 찾아봤다. 무엇보다 일 하나만큼은 정말 잘할 자신이 있었다. 빠르고 정확하게 일 처리하고, 내가 맡은 일에는 항상 구멍이 없어 팀에서도 어려운 일을 믿고 맡겼다. 원래 성격도 효율을 엄청 따지고 책임감이 강한 덕분이었다.

이에 더해 내 힘으로 혼자 공부해서 성적을 따내는 것도 어렵지 않겠다 싶었다. 회사에서 평가하는 것 말고, 특히 공적인 시험을 위주로 전략을 짰다. 자신 없고 하기 싫다고 생각되는 '사회생활'을 버리는 대신, 자신 있고 잘할 수 있는 '가시적인 평가'에 집중하기로 한 것이다. 평소처럼 성실하게 구멍 없이 업무 처리는 잘 해냈고, 또 회사에서 인정해준다고 하는 여러 가지 공적인 자격시험 성적들을 잔뜩 따서 제출했다.

그랬더니 아주 웃기게도, 내가 저들 방식의 사회생활을 더 이상 안 하려고 하자 나를 고깝게 보고 이간질하려던 팀장이 갑자기 사람이 변해서 잘해주고 나를 대하는 태도가 바뀌었다. 내가 자신 있게 만들어낸 '가시적인 평가'가 자신 없던 '사회생활'을 누르고 나의 특장점으로 일어서 인정받기 시작한 것이다.

승부처는 내가
잘하는 '짓'으로

잘할 수 있는 분야가 있다면 그 분야에 매진하라고 말하고 싶다. 굳이 못하는 것들에 매달려서 잘해내려고 억지로 힘을 쓸 필요가 없다고 말이다. 나처럼 여우같이 사회생활을 잘하는 능력이 좀 부족하다 판단되면, 대신 업무의 실적을 내거나 개인의 기술을 키우는 등 자신 있는 것으로 본인을 증명해 보이면 된다.

반대로는 눈에 보이는 성과를 보여주는 것이 어렵다 판단되면, 대신 사람들과 좋은 관계를 유지하면서 좋은 평가를 받아 또 나의 존재 가치를 보여주면 되는 것이다. 중요한 건 내가 못하는 걸 평균으로 만드는 것이 아니라, 잘하는 걸 평균 이상으로 만드는 것이다.

보통 사람들은 항상 내가 잘하는 것은 '잘하니까' 하면서 방치해두고, 못하는 것에만 잔뜩 스트레스를 받아가면서 매달려 잘하려고 한다. 그런데 따지고 보면 단점 없는 사람이 세상에 어딨으며, 단점을 고친다고 해서 뭐 그렇게 완벽한 사람이 되는 것도 아니다.

인생을 사는 데 치명적인 단점이 아닌 이상은 그냥 그러려니 받아들이고 안고 가면 된다. 오히려 단점에만 집중하다 보면 진짜 나만이 가진 나의 장점과 매력을 놓치게 될 것이다. 그러니 단점을 뒤로 하는 대신에 나만의 장점에 집중해서 특장점으로 키우는 게 낫겠다. 그것은 나만의 개성이 되고, 유일무이한 매력이 될 테니까 말이다.

회사에서도 똑같다. 이제는 옛날처럼 두루두루 잘할 필요도 없다. 오히려 평범하고 무난해서 소모품처럼 잊힐 가능성이 크다. 대신 한 가지를 끝장나게 잘한다면 다른 부족한 점들이 있어도 이해받을 수 있다. 그러니 내가 잘 못하는 분야에 매달려 스스로 나의 수많은 능력들을 하향 평준화시키지 말고, 내가 자신 있고 잘하는 분야에 매달려서 그 분야에 탑이 되는 것을 목표로 하자. 그것이 나만의 차별화된 특장점이자 경쟁력이 될 것이다.

유명한 문장이 있다.

"일단 유명해져라. 그러면 사람들은 당신이 똥을 싸도 박수를 쳐줄 것이다."

맞다. 내가 자신있는 한 가지만 끝장나게 잘 하자. 그러면 사람들은 다른 걸 좀 못해도 박수를 쳐줄 것이다.

회사, 다니지 말고
이용하라

6년 차에 찾아온
슬럼프

직장인들은 3년마다 슬럼프에 빠진다고 한다. 3년 차, 6년 차, 9년 차. 나의 경우에는 6년 차 때 슬럼프가 가장 고비였다. 아마 너무 어린 나이에 일을 시작하다 보니, 3년 차 슬럼프는 그냥 청소년 반항기 정도로 넘어간 것 같다. 사실 6년 차가 됐을 때는 일이 더 이상 어렵지 않았고, 어떤 업무가 주어져도 걱정되지 않았다. 후배들은 점점 많아졌고 선배들은 무섭지 않았다. 그런데 어느 나라 어느 도시를 가든 감흥이 덜했고, 점점 내가 꿈꿨던 승무원 생활은 이게 아닌 것 같은데 왜 이렇게 재미없지 싶었다. 다음 달 비행 스케줄을 받으면 이미 언제 어디서 내가 뭘 먹고 뭘 하고 있을지가 뻔하게 그려져서, 이미 한 달이 다 지난 것 같은 느낌마저 들었다.

그러자 적성에 의심이 들기 시작했다. 심지어 항공과를 졸업하고 전공을 제일 잘 살려놓고도 이 일은 내 적성에 전혀 맞지 않는 것 같았다. 지금 생각해보면 누가 적성에 맞는 일을 하며 살겠나 싶고, 게다가 서비스직이 적성에 맞다고 하는 사람은 없겠지만 말이다. 어쨌든 당시에는 적성에도 안 맞는 잘못된 직업을 골랐다며, 내 인생은 망했다며 나는 어떻게 해야 하나 몇 날 며칠을 고민했다.

그러다가 마지막으로는 회의감이 들었다. 뭘 위해 이렇게 열심히 왔다 갔다 일을 하는지도 모르겠고, 돈은 왜 벌어야 하는지, 벌어서 어디에 쓰고 있는지, 앞으로 내 미래는 어제랑 오늘이랑 다를 바가 없는 것인지 잡생각이 많아졌다. 회사는 나를 소모품으로 생각하는 것 같고, 그냥 시키는 대로 일하고 주는 대로 돈 받고, 이렇게는 앞으로 아무 발전도 없을 것 같았다. 심지어는 자부심마저 잃어버려 밖에서 내가 승무원이라는 사실도 숨기고 학생인 척하곤 했다. 내 인생을 내가 사는 게 아니고 다른 것에 맞춰서 수동적으로 이끌려 살고 있는 느낌이 들었다.

위너 중의
위너

          친한 후배 중에 비행을 너무 신나게 잘 다니는 친구가 있었다. 그런데 아이러니하게도 그 후배는 나보다도 (누구보다도) 더 비행이 적성에 안 맞아 보였다. 스스로도 적성에 안 맞다고 인정하고 항상 불평할 정도였다. 그렇게 승객들에게 친절한 편도 아니었고, 일도 대충대충 적당히 사고가 나지 않을 정도로만 했다. 그래서 가끔은 선배들에게 미움도 샀고, 후배들에게도 불편한 선배이기도 했다. 그러나 그 친구는 그런 것들을 별로 신경 쓰지 않았고, 일하기 싫다고 매일 입에 달고 사는 것이 무색할 정도로 비행마다 너무 신나 보이기까지 했다. 항상 같은 곳에 비행을 가도 이번에는 어디 또 새로운 곳을 구경하러 가자며 찾아왔고, 무슨 드라마나 영화에 새로 나온 맛집을 찾아가야 한다며 승무원들을 모집해 끌고 다녔다. 방금 비행이 끝나고 한국에 도착했는데도, 쉬는 그 짧은 며칠 동안에도 직원 항공권을 이용해 비행이 아닌 또 다른 해외여행을 혼자서도 금방금방 다녀왔다.

    또 신기했던 것은, 비행 업무는 대충 하면서도 그 안에서는 또 뭔가를 열심히 했다는 것이다. 요즘에는 중국어를 배우고 있다면서 중국인 승객들을 찾아 먼저 다가가 말을 걸기도 하고, 어디 랜드마크 구경을 갈 때도 그냥 오는 법이 없었다. 항상 먼저 그곳에 대해 온갖 정보들을 공부하고 와서는 신이 나서 다른 사람에게 설명해주곤 했다. 그냥 가서 인증샷만 찍고 오는 나와는 확실히 뭔가 다르긴 달랐다.

그래서 처음에는 그 친구가 그냥 입에 발린 투정을 했던 건지 아니면 슈퍼 긍정인 건지 뭔지 너무 부럽기도 하고 대단하게 느껴졌다. 그런데 그 친구는 입에 발린 투정을 한 것도, 슈퍼 긍정도 아니었다. 그냥 단순히 주도적으로 회사를 잘 활용하는 위너 중에 위너였던 것이다. 선배에게 예쁨 받고, 후배에게 인기 많고, 일을 너무 잘하고, 평가가 좋고 등등 그 누구도 이 후배보다 비행이 적성에 맞을 수는 없을 것이라는 생각이 들었다.

회사는 생각보다
많은 것을 준다

그 어디에도 내가 너무 좋아하는 일을, 내 적성에 딱 맞아서, 아무 근심 걱정 없이 즐겁고 행복하게만 하는 사람은 아무도 없을 것이다. 아무리 좋아하는 일을 해도 직업이 되면 하기 싫어지는 법이다. 그런데 어차피 관둘 수는 없고, 다녀야만 하고, 돈은 벌어야 하니 이럴 때 필요한 것이 정당한 합리화이다. 내가 왜 회사에 다녀야 하는지 그리고 어떻게 잘 다닐 수 있는지 그 의미와 가치를 찾아내는 것인데, 나를 포함한 보통의 사람들은 대개 그것이 월급인지라 월급날만 바라보며 한 달을 살아가지만, 그 후배처럼 누군가는 월급 이상으로 회사를 똑똑하게 잘 이용해먹기도 한다.

그 후배를 생각하며 곰곰이 따져보니 회사에서 주는 기회가 은근히 많다는 것을 깨달았다. 미처 알아채지 못하거나 이용할 생각을 못 할 뿐이지, 알고 보면 어느 회사든 월급 이외의 유무형의 가치를 주니까 말이다.

내가 다닌 회사는 항공사였으니 직원 항공권이나 호텔을 할인받는 등의 혜택이 있었다. 친구가 다니는 화장품 회사에서는 화장품을 할인받을 수도 있다고 한다. 부럽다. 또 영화에 관련된 회사라면 영화를 공짜로 볼 수도, 시사회에 초대를 받을 수도 있다. 아니면 회사에서 들려오는 소식을 한발 빨리 듣고 우리사주를 사서 돈을 버는 친구들도 많았다. 혹은 회사에서 제공해주는 간단한 간식들을 꼭 챙겨 먹고 프린트나 충전은 꼭 회사에서 하는 '소확횡'도 가능하고, 하다못해 백수가 된 뒤에 회사가 우리를 나름 규칙적으로 생활할 수 있게 해주었음을 깨닫기도 한다. 아무리 생각해도 이도 저도 없다면, 솔직히 월급만 바라보고 사는 것도 나는 의미 있다고 본다.

어쨌든 후배는 승무원이라는 직업의 특성상 즐길 수 있는 모든 것들을 잘 즐겼고, 사실 이보다 더 적성에 맞을 수는 없었을 것이다. 업무가 자신의 성격이나 적성에 잘 맞는 사람일지라도 그에 더해 회사가 주는 경험과 기회를 충분히 즐긴다면 회사를 다니는 의미는 더욱 커질 것이다.

나도 회사에 주는 것이 있다

또 한 가지는 내가 회사에 제공해주는 나의 기술과 능력들을 찾아 스스로 자랑스럽게 인정하는 것이다. 비록 우리가 회사에 직원으로 소속되어 위에서 시키는 일을 군말 않고 해야 하지만, 그래도 우리는 나름 정당한 계약을 맺고 다양한 기회와 대가를 받으며 내 시간과 능력을 제공해주고 있다. 과장하자면 결국엔 나도 움직이는 1인 기업인 셈이고, 나의 긴 인생을 사는 동안 잠시 회사와 계약을 맺고 경험과 경력을 쌓는 중일 뿐인 것이다. 때가 되면 학교에 입학했다가 졸업했듯이 말이다. 회사를 다니는 것이 너무 억울하고 불행하다고 생각할수록, 정말 회사에 이용당하는 일개 소모품이 되어버릴지도 모른다. 내가 회사에 이용당하는 것이 아니라, 회사는 나의 신분을 증명해주는 소속 단체일 뿐이고, 내 기술을 펼치고 경험을 쌓게 해주는 운동장일 뿐이다.

위너였던 후배는 이것 또한 잘 활용해 먹었다. 자기가 승무원이니까 업무를 위해 어쩔 수 없이 외국어를 공부하는 것이 아니라, 자기의 평생 기술이 되는 외국어를 공부하는 데 승무원이라는 직업을 잘 이용해 연습하는 곳으로 삼았다. 해외에 쉽게 나갈 수 있는 승무원이니까 의무적으로 랜드마크에 가서 인증샷만을 찍고 오는 것이 아니라, 자기가 가보고 싶고 궁금한 곳들을 찾아 여행 가는데 때마침 승무원이라는 직업을 또 잘 이용한 것이다.

회사는 우리의 24시간 중 절반 이상을 차지하는 곳이다. 로또에 당첨되거나 사업이 대박나거나 갑자기 유명해져서 떼부자가 되지 않는 한, 어차피 우리는 평생 일을 해야만 하고 피할 수도 없다. 외면할 수 없는 이 회사에서 내게 주는 가치와 내가 회사에 줄 수 있는 가치가 무엇인지 안다면, 지루하고도 짜증 나는 그 회사를 다니는 것이 (그나마) 지금보다 백만 배는 가치 있을 것이다.

그러니 기본적으로 회사가 나에게 돈을 주니까 내가 일을 하는 것이 아니라, 내가 일을 해주니까 회사가 돈을 준다고 생각하자. 그것이 사실이기도 하고, 또 우리의 기술과 능력을 사용하면서 유지해나가는 회사에서 우리는 소중하고도 고급진 인재이니 당당해져야 한다.

포기할
용기를 내라

회사를
씹어먹고 싶었다

　　　　　　　　나는 20대 대부분을 비행기에서
보내고, 30대가 되자마자 내 손으로 회사를 뛰쳐나와 자유가 되
었다. 주변 사람들은 어떻게 그런 용기를 냈냐며 신기해하기도
하고, 지금껏 비행만 했는데 앞으로 괜찮겠냐며 걱정을 하기도
하고, 그래도 잘 관두고 나왔다고 너는 잘할 거라고 용기와 응원
을 주기도 했다. 그리고 또 누군가는 분명 내 손으로 나왔는데도
내가 회사에서 도망친 것처럼, 마치 포기한 것처럼 보기도 했다.
　　처음 회사에 입사했을 때는, 어린 자신감에 내가 이 회사를

씹어먹을 수 있을 줄 알았다. 드라마에 나오는 것처럼 승승장구해서 성공한 커리어 우먼이 되는 그림을 그렸던 것이다(다행히 비행 몇 번 만에 현실을 깨닫긴 했다). 시간이 지나고 업무에 익숙해지면서는 뭐, 누구나 그렇듯 매너리즘에 빠지기 시작했다. '더 이상나에게 꿈과 희망은 없는 것인가?' 생각하며 번아웃이 왔고, 그때처음으로 '회사를 관둔다면?'이 나의 선택지 중 하나로 떠올랐다.

이렇게 살기엔
내가 아깝다

내가 잘만 다니던 회사를 대체 왜제 손으로 뛰쳐나갔는지, 만나는 사람마다 그렇게도 많이들 묻는다. 그리고 내 답변은 뛰쳐나갈 것이라고 처음 결정했을 때와뛰쳐나오던 그 순간, 그리고 뛰쳐나와 있는 지금까지도 여전히똑같다.

첫 번째 이유는, 누구나 그렇듯 재미가 없고 하기가 싫었다.그냥 일이 하기 싫었던 건지, 아니면 비행이 싫었던 건지, 긴장이 풀렸던 건지, 재미가 없었던 건지. 사실 그중에 제일 정확한이유가 무엇인지는 모르겠지만 말이다. (아마 전부 다일 것이다.) 처음에는 단순히 '싫다', '재미없다'는 정도의 누구나 할 수 있는 투정에서, 더 이상 꿈과 희망을 가질 수 없다는 것에 절망이 컸다.

내일도, 1년 후에도, 또 10년 후에도 오늘이랑 다를 바 없이 캐리어를 끌고 비행기에서 매일 똑같은 일을 하고 있을 것이라고 생각하니 참을 수가 없었다. 벌써 결말을 알고 있는 영화를 보듯이 수백 번 수만 번을 또 비행기에 타고 있을 내 모습이 뻔하게 그려졌다. 너무 지루하고 지겨워 고개가 절로 절레절레 됐다. 내일이 기대되지 않았다.

또 앞으로는 내가 하고 싶은 것들을 마음대로 못 할 거라는 생각에 너무 갑갑했다. 나는 항상 앞으로 뭘 할지 꿈과 희망에 가득 차서 내 미래를 그리곤 했는데 (그것이 내 삶의 원동력이었는데) 그려지지가 않았다. 사업을 해볼까, 한다면 무슨 아이템과 아이디어를 가지고 사업을 벌려볼까. 확 고시 공부를 시작해볼까, 만약 합격한다면 내 인생은 어떻게 바뀔까. 하다못해 파격적으로 과감한 스타일 변신을 시도해볼까 등등. 내가 지금 그대로 가만히 있다면 할 수 있을지 못할지는 둘째치고, 기회조차도 없겠다 싶었다.

내가 너무 아까웠다. 나는 잠재 가능성도 무궁무진하고, 재능도 가득하고, 열정도 가득한데 (나는 그렇다고 믿는다.) 펼쳐보지도 못한 채 이 좁은 비행기 같은 곳에서만 갇혀 있기에는 내 인생이 너무 아깝다는 생각이 들었던 것이다.

마지막으로는, 더 이상 발전 가능성이 없다고 판단했다. 정확하게 말하면 이 회사에서, 승무원으로서, 나의 발전 가능성이 없다고 판단했다. 내가 이곳에서 얼마나 인정을 받으면서 쭉쭉 올라가 무슨 임원이 될 수 있는 것도 아니고, 업무적으로도 성장하기에는 한계가 있다고 생각했다. 아무래도 일반적인 회사와는 업무 환경 자체가 다르니 그렇기도 하지만, 연차가 아무리 쌓여도 내 능력이나 기술을 펼칠 수 있는 곳은 비행기 안뿐이라는 사실에 희망이 느껴지지 않았다.

그리고 이렇게 몇십 년을 회사를 다녀봤자 나는 '월급쟁이'에 불과했다. 한 달 벌어 한 달을 먹고살 뿐이지, 아무리 아끼고 모아야 내 평생 대출 없이 집이나 살 수 있을까. 먹고 싶은 것 먹고, 사고 싶은 것 사고, 하고 싶은 것들을 하려면 회사를 다니면서는 시간도, 돈도 부족하고, 겸업 자체가 금지되어 있으니 말이다. 기회를 만들거나 시도 조차도 해볼 수 없다는 것이 너무 답답했다.

도저히 안 되겠다. 어차피 이래도 후회 저래도 후회할 바엔, 저지르고 후회하자 싶었다. 계속 나도 어쩔 수 없어 회사를 의지한 채 다니고 있으면서 또 반대로는 회사를 욕하고, 남들을 탓하고, 매일 비행하기 싫다는 핑계로 울적하게 다니는 것은 너무 불행했다. 나는 그냥 내가 하고 싶은 대로 하고, 잘 돼도 내 탓, 안 되도 내 탓을 하고 싶었다. 적어도 해보고 후회하는 건, 나에게 경험이 될 테니까.

회사를 관두기로 결정하고 퇴사할 때까지 부모님의 반대도 물론 심했다. 그동안 모범적인 학창 시절을 보내고 속 썩임 없이 회사에 입사해 근 10년을 꾸준히 잘만 다녀놓고는 (사회적인 기준에 맞춘다면) 이제 결혼해 가정을 꾸려야 하는 나이에 결혼은커녕 회사를 뛰쳐나온다고 하니 그럴 만도 했다.

그럴 때마다 나는 '경험이 필요하다'고 강조했다. 내가 너무 한 번에 수월하게 회사생활을 시작한 탓인지 아무리 누가 좋은 말, 나쁜 말, 칭찬을 해도, 걱정을 해도 내 귀에는 전혀 들리지가 않았다. 누구나 할 수 있는 뻔한 잔소리에 불과했다. 나는 내가 직접 겪고 이해하고 인정할 수 있도록 다양한 경험들이 필요했고 어떤 것이든 직접 느끼고 싶었다. 그게 설령 실패일지라도 그것이 앞으로 남은 긴 나의 인생에서는 큰 교훈이 될 것이니 빠르면 빠를수록 차라리 좋겠다고 판단했다. 부모님은 '겪지 않아도 될 일은 겪지 않아도 된다'고 하셨지만, 나는 결국 겪지 않아도 될 일을 겪으러 회사를 뛰쳐나왔다.

포기도
선택이다

내가 스스로 선택하고 결정해서 회사를 뛰쳐나왔지만, 가끔 어떤 사람들은 내가 포기했다고들 여기기도 한다. 포기하는 것은 어째서 비겁하게 도망가는 것처럼 여겨지는 것일까? 나는 포기도 선택의 일종이라고 생각한다. 포기를 선택하는 데에도 엄청난 의지와 용기가 필요하고, 제자리에 평생을 가만히 있는 것보다는 훨씬 낫다고 생각한다.

포기를 선택한다는 것은 자기 삶에서 어떤 것이 더 효율적이고 지혜로운 결과를 가져올지 고심한 결과다. 옛날에야 아무리 힘들어도 참고 버티는 것이 이겨내는 것처럼 여겨졌지만, 지금은 그렇지 않으니까 말이다. 오히려 제자리에서 어련히 만족하고 가만히 있는 것이 어쩌면 더 인생을 즐기지 못하는 것이고 아까운 인생을 재미없게 사는 것일 수도 있다.

노력해봐도 영 아니다 싶으면 포기해도 된다. 뭐 꼭 정상을 찍고 '야호'를 외쳐야만 등산인 것도 아니다. 물론 누구나 정상을 찍고 싶고, 정상을 목표로 하고 등산을 시작하지만, 만약 몸이 너무 안 좋고, 다리가 너무 아프고, 할 만큼 했는데도 너무 하기가 싫고 억지가 된다면 그만 내려가도 된다. 정상은 오늘보다 컨디션이 더 좋고 날씨도 더 좋고 몸도 따라주는 다른 날 다시 시도하면 되니까 말이다. 아니면 그냥 다른 산을 가도 되고. 괜한 깡과 악만 부리다가 정상은 오르지도 못했는데 몸만 상하고 등산은 재미없다는 편견과 실패했다는 좌절감을 가지고 내려오느니 쿨하게 '아, 오늘은 여기까지'라고, '오늘 등산했다!'라고 당당하게 내려오는 게 백번 낫겠다.

그래서 누군가 내가 회사를 관두고 나온 것을 마치 도망친 것처럼 혹은 포기한 것처럼 여긴다면, 나는 도망친 건 인정할 수 없지만 포기했다는 것은 인정한다. 하던 일을 도중에 그만둔 건 사실이니까. 하지만 이 포기가 나에게는 다음에 다시 올라갈 새로운 산을 위한 현명한 '페이스 조절'이었기 때문에 나는 당당하다. 내가 '못' 한 게 아니라 '안' 한 거니까.

포기하는 용기가 인정받는
날이 오도록

이제는 포기하는 용기도 인정받는 날이 오면 좋겠다. 매일매일 열심히 해야만 하고, 잘해야 한다고, 그만두면 안 된다고 억지로 버티면서 평생을 살 수는 없다. 포기하는 데도 정당한 이유가 있고 그에 따른 선택과 책임이 있다. 만약 누군가가 포기한다면 그 또한 쉽지 않은 결정이라는 것도 알아줘야 하고, 비겁하게 도망친 것처럼 여기는 인식도 바뀌어야 할 것이다.

나 또한 미련 없이 포기하고 깔끔하게 회사를 나왔다지만, 가끔은 회사를 뛰쳐나온 것이 잘한 선택이었는지 의문이 들 때도 물론 있다. 하지만 잘한 선택이라고 믿고 그 선택에 책임을 다하려 매일 노력하고 있다.

훗날 사직서를 쓰던 그 순간을 뒤돌아봤을 때 '그래, 그때 나오기를 잘했어. 그때 안 뛰쳐나왔으면 어쩔뻔했어'라는 생각이 들 수 있게 말이다. 그래서 나는 아쉬움과 후회가 밀려오려고 할 때마다 속으로 되뇌인다.

　'후회한들 무엇하리. 이미 지나간 것을.'

요리를 대접하세요

우리나라는 위대한 밥의 민족입니다. 안부를 물을 때는 '밥은 먹고 지내냐'고 묻고, 고마울 때는 '다음에 밥 한 번 살게'라고 하며, 혼낼 때는 '밥도(국물도) 없을 줄 알아!'라고 하죠. 회사에서는 출근하자마자 점심 메뉴를 고르는 것이 제일 고민이고, 하루 일과 중에 가장 재밌는 것은 뭐를 먹을 건지, 뭐를 먹었는지 친구와 나누는 것입니다. 하루 온종일 너무 귀찮고 무기력하면서도 꼬박꼬박 밥 때가 되면 먹고 싶은 것, 맛있는 것, 리뷰까지 싹 훑어서 고르고 골라 잘만 배달시켜 먹습니다. 우리에게 최소 주문금액을 맞추는 것과 비싼 배달비는 문제가 되지 않죠. 아마 밥을 먹는 것은 곧 생존과 연결이 되고, '다 먹고살자고 하는 짓'인데 밥을 대충 때우듯이 먹으면 하루를 대충 사는 느낌이 들기 때문일 것입니다. 그만큼 우리는 밥을 먹는 것에서 없던 의욕도 생기고 맛있는 걸 먹는 것에서 굉장한 행복함을 느낀다는 것입니다.

슬럼프에 빠져 집 안에 처박혀 있었을 때, 유일하게 침대 밖으로 나와 나를 움직이게 한 것이 바로 '요리'였습니다. 평소에는 요리하는 것을 좋아하지도, 잘 못하는데도 말이죠. 처음에는 집 밖으로 나가는 것도 싫고, 누구를 만나고 싶지도 않고, 씻기도 귀찮았는데, 와중에도 배는 고프니까 항상 배달음식을 시켜 먹고는 했습니다. 그런데 이것도 한두 번이지, 최소 주문금액을 맞춘답시고 이것저것 담아대다 보니 한 끼에는 거의 2만 원 가까이씩 나가서 거지가 되어갔고, 막상 다 먹고 보면 자극적인 음식에, 폭식까지 해서 속은 더부룩하고 기분은 씁쓸했습니다. 게다가 남은 음식과 일회용 쓰레기들을 보면 죄책감까지 몰려왔죠.

한날은 유튜브에서 봤던 동영상을 따라 요리를 만들어 먹었습니다. 정말 쉽고 간단한 요리였는데도, 나름 침대에서 벗어나서 뭔가 사부작대고 있으니까 괜히 잘하고 있는 것 같은 기분이 들더라고요. 내가 만들었지만 생각보다 음식도 맛있었습니다. 그날 평소와 다르게 한 거라고는 어차피 먹어야 되는 밥 내가 직접 요리해서 먹었을 뿐인데, 하루를 알차게 보낸 느낌이었습니다. 내일은 또 뭐를 해 먹을지 동영상도 찾아보게 되고, 재료가 있나 냉장고도 뒤져보게 되고, 나중에는 없는 재료를 사러 밖으로도 나가고, 완성된 요리 사진을 찍어서 주변에 자랑도 했습니다. 덕분에 조금씩 침대를, 그리고 집을 벗어날 수 있었죠.

만약 별다른 취미도 없고, 삶의 의욕도 없다고 느껴진다면, 어차피 하루도 빠짐없이 꾸준히 챙겨 먹어야만 하는 밥 하나만큼은 절대 대충 때우지 말고 직접 요리해서 스스로를 대접해보세요. 적어도 침대에서 일어나 뭔가를 했다는 사소한 성취감을 느낄 수 있고, 내가 만들어 먹는 음식이 맛있으면 맛있는 대로 행복하고 맛이 없어도 맛이 없는 대로 웃음이 날 것입니다. 또 내일은 뭐를 먹을지, 다음 주에는 뭐를 먹을지, 여름이 오면 뭐를 먹을지, 겨울이 오면 뭐를 먹을지. 하루하루 기대하고 살아갈 이유가 하나쯤은 더 생기는 것이 됩니다.

3장

관계 Self-up,
혼자 말고
함께하자

자기 자신을
최우선으로 고려하라

그 배려가
배려가 맞을까?

친한 후배 한 명이 있다. 그 후배
는 항상 친구들이 부르면 하던 일이 있더라도 만사를 때려치우
고 뛰쳐나왔고, 보험을 들어달라, 핸드폰을 하나 사달라, 돈을
빌려달라는 등 도를 넘는 주변의 부탁들도 좋은 게 좋은 거라며
최선을 다해 도와주는 그런 사람이었다. 주변에 온통 시간을 쓰
느라 자기 할 일을 다 못 마쳐 밤을 새우고 하품을 달고 살면서
도 괜찮다고 웃는, 그런 보살 같은 친구였다. 겉보기에는 너무
착해 보이고 주변을 잘 챙기고 도와주는 배려심 가득한 사람처

럼 보였으나 사실 후배의 속은 매일 썩어가고 있다고 했다. 막상 자기가 힘들거나 도움이 필요할 때는 아무도 흔쾌히 뛰쳐 나와주지 않았고, 다들 바쁘고 여유가 없다며 거절하기만 해서 너무 실망과 배신감을 느낀다고 했다. 매번 남들은 자기가 필요할 때만 찾아왔다가 이용하기만 하고 우습게 생각한다는 것이었다. '내가 대접받고 싶은 만큼 남을 먼저 대접하라'는 좌우명을 갖고 항상 남들을 배려하고 희생하며 살았는데, 왜 나에게는 그만큼, 내가 하는 만큼 돌아오지 않느냐며 고민에 빠져 있었다.

후배가 너무 안쓰러웠다. 착한 마음을 모두가 높게 사주고, 좋게 대해주는 것이 고마운 줄 아는 세상이 와야 하는데 말이다. 그런데 어느 순간 이런 궁금증이 들었다.

'후배의 배려가 배려가 맞을까?'

후배가 안타까운 것은 안타까운 거고, 과연 이것이 후배가 추구하는 올바른 존중과 배려인가 하는 합리적 의심이 들었다. 후배는 무작정 자기 자신이 양보하고 희생하는 것이 다른 사람을 존중하고 배려하는 것이라고 착각하고 있었다. 그리고 자기가 남들을 존중하고 배려하는 만큼, 반드시 자기 자신도 남들에게 돌려받아야 한다는 전제가 깔려 있었다. 그것이 그 후배가 말하는 배려와 희생의 정의였다.

배려와 오지랖은
한 끗 차이

　　　　　　　　배려는 한 끗 차이로 오지랖이 되기도 한다. 나는 배려라고 하는 행동이 그것을 원하지 않는 남들에게는 불편하게 느껴질 수 있기 때문이다. 비행을 할 때도 나는 무거운 짐을 옮기는 걸 도와주겠다고 하지만, 누군가는 내 짐을 왜 당신이 건드리냐고 불편해하는 사람이 있기도 했다. 미국으로 가는 기내 장애인 차별 금지법에서는 상대가 도움을 요청하거나 허락하지 않는 한 먼저 나서서 도와주는 것은 삼가야 한다고 교육한다. 지레 도움이 필요할 것이라고 단정 짓는 것 자체가 차별이 되기 때문이다.

　나의 경우에도 너무 과한 관심이나 친절은 부담스럽게 느껴지고 불편할 때가 있다. 친해지고 싶어서 관심을 가져준다고는 하지만 연봉이 얼마냐, 돈은 얼마를 모았냐, 남자친구랑은 왜 헤어졌냐, 가족들은 뭐 하냐 하며 선을 넘는 곤란한 질문을 던지는 사람들을 보면 특히 그렇다. 단순히 나를 향한 관심과 애정보다는 그냥 자기네들 궁금증을 풀고 싶고, 나를 평가하려고 데이터를 모으는 느낌이 든다. 또 식당이나 카페, 미용실, 병원 등에서도 과한 친절을 받으면 고마움을 넘어서 괜히 미안해지기까지 한다. '뭐 이렇게까지 하나' 싶고 "아니에요"가 절로 튀어나온다. 그러다 진짜 불편하거나 불만이 생겼는데도 괜히 말하기가 조심스러워 그냥 참아버리는 나를 발견하면 뭔가 낚인 것 같고 기분이 영 찝찝하다. 결국에 두 번은 안 가게 된다. 이 또한 단순히 고객을 향한 진정한 친절과 배려보다는 불만을 미연에 방지하려는 전략에 당한 것 같은 느낌이 들어버린다.

이렇게 상대가 바라지도 않고 시키지도 않았는데 무작정 내 마음대로 나 혼자서만 열심히 주는 희생과 배려는 사실 엄밀히 말하면 자기가 좋아서 하는 것이다. 자기 마음이 편하려고 하는 것이든, 이미지 메이킹의 전략이든 뭐든 간에 결국에는 내가 상대를 배려했다는 것에 취해서 혼자 하는 것이니 어쩌면 나 자신을 위한 이기적인 행동이기도 하다.

배려는 돌아오지 않는다

같은 의미에서 내가 상대를 이만큼 배려했으니 똑같이 상대도 나에게 이만큼 돌려줘야 한다고 바라는 것도 참 이기적인 행동이다. 내가 좋아서 해놓고 너는 왜 안 하냐고, 왜 안 좋아하냐고 하는 꼴이기 때문이다. 물론 내가 상대를 존중하고 배려하면 상대도 고마운 줄 알고 또 마땅히 존중과 배려가 돌아오는 것이 가장 이상적인 관계 모델이긴 하지만, 돌아오지 않는다고 해서 상대를 탓할 수는 없다. 그들도 그들의 사정이 있을 테고, 이게 정확하게 주거니 받거니 거래를 하는 것도 아니니 말이다. 그래서 우리는 어떤 상황에서든지 남보다 혹은 남에게 하는 만큼 자기 자신을 먼저 배려하고 고려해야 한다. 오히려 그것이 상대가 불편하지 않게 나와 상대방 모두를 배려하는 방법이 된다.

누구나 이런 경험 한 번쯤은 있을 것이다. 시험을 앞두고 열심히 공부하고 있는데, 친구가 남자친구랑 싸웠다며 울고불고 전화를 해서 책을 덮고 친구를 위로해주러 나간다. 몇 시간 내내 헤어지네 마네 하는 이야기를 죄 들어주고 같이 욕도 하고 위로도 해주다가 새벽이 되어서야 집에 온다. 공부는 망했지만 그래도 친구가 기분이 나아졌다니 다행이다 생각하며.

그런데 웬걸! 다음 날 나는 시험을 망쳤지만, 친구는 언제 그랬냐는 듯 남자친구랑 화해하고 다시 알콩달콩한다. 나는 시험에 망쳐서 부글부글하지만, 친구는 사실 그 정도로 심각하게 싸운 건 아니었다며 네가 시험이 있는 줄 알았다면 부르지 않았을 거라고 괜히 미안하다고 한다. 누구를 탓하겠나. 그 순간 내가 친구를 선택하고 나갔다면 시험이 망해도 내 탓이고, 친구가 괜히 미안해할 일도 아닌 것을.

남 챙기기 전에
나부터 챙겨라

나는 고민하던 후배에게 말했다. 실망하고 상처받을 거라면 상대에게 먼저 양보하지 말라고. 너에게 하던 것을 때려치우고 달려와 달라고 아무도 말하지 않았고, 돈을 빌려주지 않으면 가만두지 않겠다고 협박하지도 않았다고. 상대는 네가 어떤 마음으로 왔는지 알 수도 없을뿐더러 결국에는 어떤 이유에서든 네가 스스로 원해서 한 것이니, 보답을 바라서는 안 된다고 말이다.

남을 먼저 존중하고 배려하는 것은 물론 착하고 좋은 일이지만, 이전에 나 자신을 먼저 존중하고 배려하는 것이 모든 관계에서 우선이 된다. 내가 기꺼이 그럴 수 있는 상황인지, 내가 원해서 하는 것인지, 상대에게 어떠한 보답을 바라지 않는지 말이다. 내가 곤란한 상황에서 억지로 어쩔 수 없이 하거나 혹은 다른 꿍꿍이를 가지고 있다면, 그건 이미 서로의 관계를 계산하고 재고 있는 것이 되기 때문이다. 나를 먼저 배려하는 것, 그것이 오히려 상대를 진정으로 배려하는 것이 된다.

또 기본적으로 내 상태가 좋고 여유가 있어야 남에게 베풀 수가 있는 것이 사실이다. 며칠 밤을 꼴딱 새우고 밥도 못 먹고 스트레스 잔뜩 받은 상태에서는 누구를 만나든 예민하고 뾰족할 수밖에 없을 것이다. 그런 상태에서는 억지로 약속을 지킨다고 나가서 하품이나 하다가 분위기를 망치느니, 애초에 약속을 취소하는 것이 차라리 모두에게 나을 수도 있다. 그러니 우리는 어렵지만 필요하다면 쿨한 거절을 할 줄도 알아야 하고 때로는 무심한 이들을 위해 적당한 생색을 내는 것도 필요하다.

가장 소중한 나를 사랑하기

비행 안전 교육에서도 운항 중에 비상 상황이 생겨 산소 마스크가 내려오면 반드시 자기 자신부터 써야 한다고 교육한다. 소중한 내 가족과 도움이 필요한 사람이 옆에 있어도, 반드시 자기 자신부터 먼저 써야 한다고 말이다. 내가 먼저 살아서 정신을 차려야 다른 사람을 돕든지 말든지 할 수 있기 때문이다. 그 순간이 끝이 아니라 이후에 무슨 일이 또 일어날지 모르는데, 도움을 줄 수 있는 사람이 없어져버리면, 도움이 필요한 사람도 받을 수가 없게 되니까 말이다.

인생에서 가장 소중한 것은 나 자신이다. 나를 먹여 살리는 것도, 나를 보호해주는 것도, 나를 아끼고 사랑해주는 것도 그 누구보다 오직 나만이 할 수 있는 일이다. 그러니 나를 잃으면서까지 다른 사람을 위해 희생하고 양보할 필요는 없다. 이것은 이기주의가 아니다. 인간은 더불어 사는 존재이지만, 동시에 적당한 거리가 필요하다. 자기만의 영역, 공간, 시간과 자리가 반드시 필요한 존재이기 때문이다.

그러니 내가 대접받고 싶은 만큼 남을 먼저 대접하기 이전에 나 자신을 먼저 대접하는 것이 우선이 되어야 하고, 가장 중요하다. 그래서 남을 사랑하고 사랑받으려면 스스로가 자기 자신을 먼저 사랑할 줄 알아야 한다고 하나 보다.

자신이 컨트롤할 수 있는 것만
컨트롤하라

남의 싸움 구경이
재밌는 이유

　　　　　　　　세상에서 제일 재밌는 구경이 싸
움 구경이라고 한다. 나도 길을 가다가 연인들이 싸우고 있는 걸
보면 나도 모르게 발걸음을 멈추고 한참을 엿듣게 된다. 내가 겪
었을 때는 헤어지네 마네 할 정도로 심각한 문제들이었던 것 같
은데, 친구 얘기를 듣거나 남들이 싸우는 걸 엿듣게 되면 왜 이
렇게 사소하고 웃긴지 모르겠다.

　한 번은 카페에서 유리창 너머로 한 커플이 싸우는 것을 보
게 됐다. 흔하디흔한 '연락' 문제였다. 여성은 왜 남성이 친구를

만나 놀 때마다 연락을 제대로 하지 않느냐고 화를 내고 있었고, 남성은 친구들과의 자리에 집중하다 보니 연락을 까먹는다고 하고 있었다. 아마 같은 이유로 싸우는 것이 처음은 아닌 듯 보였다. 참 감정이입이 되다가도 구경하는 입장이다 보니 새삼 객관적으로 그들의 이야기를 들을 수 있었다. 문제로 불거진 것은 겉으로 보이는 연락이었지만, 본질적으로 그들이 싸우는 이유는 어쨌든 서로 원하는 방향이 다르고 상대가 그것을 그대로 맞춰주지 않았기 때문이다.

사실 모든 인간관계에서 갈등이 생기는 가장 첫 번째 이유는 '내가 원하는 대로 남이 해주지 않아서'다. 가족이든 친구든 연인이든 내가 생각하는 이상적인 방향이 있고, 그 방향대로 상대가 해주길 바라는데, 그게 충돌될 때 삐걱거리기 시작한다. 깨우지 말라고 했는데 깨우는 엄마에게 짜증이 나고, 쓰지 말라고 했는데 몰래 내 물건을 꺼내 쓰는 동생에게 화가 난다. 일찍 오라고 했는데 늦게 오는 친구에게 빈정이 상하고, 연락 좀 잘 하라고 했는데 하지 않는 연인에게 화가 난다. 식당에서 음식을 주문할 때나, 쇼핑을 하거나 모든 일상생활에서도 똑같다. 친절함을 기대했으나 친절하지 않은 종업원에게 기분이 나빠 실망하고, 요구 사항이 제대로 받아들여지지 않을 때 불만이 생기는 것이다.

내가 저 싸움 속에 등장하는 여성이거나, 친구에게 빈정 상한 상황이거나, 친절하지 않은 종업원에게 실망한 상태라면 분명 그 누구보다 심하면 심했지 차분하고 이성적으로 행동하지 못할 것도 같다. 그런데 유리창 하나 너머로 싸우는 연인들을 보니 가장 먼저 튀어나온 말이 "뭐야, 뭘 저렇게 이래라저래라야?"였다.

컨트롤이 가능한 건
남이 아닌 나뿐이다

따지고 보면 나조차도, 내가 원하는 대로 되지 않는다. 나조차도 내가 원하는 방향이 하루아침에 바뀌고 그 방향대로 절대 굴러가지도 않으면서, 왜 그렇게 남들은 내 맘대로 원하는 대로 주무르려고 하다가 혼자 상처받고 지쳐 쓰러지는지 모르겠다. 이렇게 만나는 동안에는 가장 가깝다고 하는 친구나 연인 사이에서도 이래라저래라 내 맘대로 되는 게 하나도 없어 싸우고 화해하고 만났다가 헤어지기를 반복하는데, 회사 사람들이나 고객 등 사회생활을 하며 만나게 되는 수많은 사람들은 어떨까? 심지어 짜증 난다고 싸우거나 헤어질 수도 없어 더욱 괴로울 것이다.

그런데 그들은 남이다. 내가 아닌 이상, 가족도 친구도 연인도 모두 남이다. 내가 아무리 쥐고 흔들려고 온갖 노력을 해도 할지 말지 선택하고 행동하는 것도 어차피 남이다. 이런 속담이 있다. '말을 물가에 끌고갈 수는 있어도 억지를 물을 먹일 수는 없다.'

말에게 물을 먹이려고 억지로 물가까지 끌고 갈 수는 있지만, 물을 꿀꺽꿀꺽 마시는 건 말만이 할 수 있는 것이라는 뜻이다.

그렇다면 어차피 물을 먹는 건 말이 해야 할 일인데 무거운 말을 영차영차 끌고 물가까지 가는 것은 나도 힘들고, 말도 힘들고, 다 같이 힘들어 너무 괴로운 일이 아닌가 싶다. 게다가 막상 데려갔는데 말이 물을 안 마시면 꼭지가 돌아버릴 수도 있다. 그럴 바엔 차라리 나 혼자 몸 가볍게 물가에 가서 물을 떠오는 게 낫겠다. 말이 물을 안 마시면 내가 마시면 되니까.

관계에서도 내가 컨트롤할 수 없는 상대에게 집중할 것이 아니라, 내가 컨트롤할 수 있는 나 자신에게 집중해야 한다. 그러면 적어도 힘들게 떠온 물을 안 마시는 말이나 남에게 배신감을 느끼고 뒤통수 맞는 일은 없을 것이다.

내가 할 수 있는 것, 네가 할 수 있는 것

컨트롤할 수 있는 것에 집중하기 위해서는 먼저 내가 컨트롤할 수 있는 부분과 없는 부분을 구분할 줄 알아야 한다. 만약 우산이 없는데 비가 온다고 해서 비를 멈추게 할 수는 없다. 대신 카페에 앉아 비가 빨리 그치기를 기다리거나, 가까운 편의점에서 우산을 구해서 비를 피할 수는 있다. 내가 컨트롤할 수 없는 비가 오는 상황에 화를 내고 불평하는 것보다 내가 컨트롤할 수 있는 나 자신의 행동, 어느 카페로 갈 것인지 혹은 어디서 우산을 살 것인지에 집중하는 것이다.

인간관계에서도 똑같다. 만약 친구나 연인이 내 마음을 몰라주고 내 뜻대로 따라와 주지 않아 서운하다면, 상대에게 나의 마음을 적극적으로 표현하고 기다릴 수는 있지만 억지로 강요할 수는 없다. 아무리 억지로 강요하고 시켜도 선택하고 행동하는 건 어차피 상대가 하는 것이기 때문이다. 그러니 내 맘대로 되지도 않을 상대에게 집중해 '너는 왜 그러냐'며 상대를 탓할 것이 아니라, 내가 할 수 있는 부분까지만 최선을 다하는 데 집중하는 것이다. 만약 내가 설득을 했든, 울고 불고 했든, 이랬든 저랬든 최선을 다했는데도 상대는 최선을 다하지 않고 그대로라면 그것도 그것대로 끝이다. 나는 할 바를 다했고, 상대도 할 바를 다했으니, 그 이후는 내가 컨트롤할 수 없는 것이고, 그냥 내 손을 떠났다고 보면 된다.

회사에서 갑자기 내 능력 밖의 업무를 맡게 되어 너무 괴롭다면, 이 또한 내가 원해서 어려운 일을 맡게 된 것도 아니고, 돈 받고 하는 일이니 나에게 이런 일이 주어지는 것도 어쩌면 당연하다. 왜 나에게 이런 어려운 일을 줬는지 회사를 탓하고 상사를 욕한다 한들, 누가 대신 해주는 것도 아니고, 일이 사라지는 것도 아니다. 대신 내가 컨트롤할 수 있는 건 나뿐이니, 열심히 해내거나 혹은 어렵다고 솔직히 밝히고 주변에 도움을 요청하거나, 어쨌든 내가 할 수 있는 나의 행동에만 집중하면 되는 것이다.

결국 컨트롤할 수 없는 것은 없다

스스로가 내 뜻대로 제대로 안 되는 것에 대해 자책하는 것은 반성과 자아성찰의 기회가 되지만, 내 맘대로 안 되는 세상과 남을 답답해하고 상처받고 괴로워하는 것은 그냥 마치 쨍쨍한 하늘에 비가 오기를 바라면서 비가 안 온다고 괴로워하는 쓸데없는 감정 소모와 같다. 내가 어찌할 수 없는 부분은 그들의 몫으로 던져놓고, 내가 컨트롤할 수 있는 부분에만 집중해 노력해야 한다. 사실 이렇게 따지자면, 내가 컨트롤할 수 없는 것은 사실 없다는 얘기이기도 하다. 내 권한 밖이라고 생각했던 상황이나 사람들과의 관계를 나의 바깥으로 빼놓음으로써 결국 내가 감당할 수 있는 것(혹은 감당할 필요가 없는 것)이 되기 때문이다.

이렇게 생각하면 참 마음이 편하다. 비가 와도 '하늘의 뜻이겠거니' 연락을 제대로 안 하는 연인에게도 '그래, 너의 뜻이겠거니', 말이 물을 마시든 말든, 내가 물을 떠줄지 말지만 선택하면 된다.

모두의
매너와 에티켓

주는 대로
돌려받는 매너

　　　　　　서비스는 보통 '제공, 봉사 응대'
등 일방적인 느낌의 의미를 가지고 있지만, 나는 사실 서비스도
상대적인 것이라고 생각한다. 고객이나 서비스를 제공하는 사람
이나 다 같은 사람이고 어차피 서로 정당한 대가를 통해 주거니
받거니 하는 것이니까 말이다.

　비행을 하면서 회사를 뒤집어놓았던 컴플레인 하나가 있었
는데, 중년의 여성이 제기한 것이었다. 내용인즉슨 승무원이 자
기에게 '어머님'이라고 불러서 매우 불쾌했다는 것이다. 나는 너

의 어머니가 아닌데 왜 나에게 어머니라고 하느냐는 내용이었다. 그 컴플레인 이후로 모든 호칭은 손님, 고객님과 같은 통상적인 호칭만 사용하라는 지시가 내려왔다. 분명 승무원들은 '어머님' 혹은 '아버님'이라는 호칭을 별다른 의식 없이 친근함을 표현하기 위해 사용했을 테지만, 반대로 생각하면 당연히 불쾌했을 수도 있다는 생각이 들었다. 그런데 그렇게 따지면 승무원들을 포함한 서비스인들에게 '언니' 혹은 '아가씨'라고 부르는 것도 고객들의 주의가 필요하다는 생각이 들었다. 물론 똑같이 큰 의미 없이 그냥 쉽고 친근하게 부르기 위해 사용하는 호칭이지만, 서비스를 제공하는 사람들도 불쾌할 수 있다는 걸 고객들도 이해해줄 필요가 있다고 보는 것이다.

대학교 때에도, 비행을 시작할 때도, 그리고 강의를 하면서도 늘 매너와 에티켓을 지켜라, 이미지를 메이킹하라는 이야기를 많이 듣고 또 많이 가르쳐왔다. 비즈니스 매너, 글로벌 매너, 명함 매너, 인사 매너, 엘리베이터 매너, 안내 매너 등 장소마다 사람마다 지켜야 하는 매너가 왜 그렇게도 많은지……. 또 자기한테 어울리는 퍼스널 컬러부터 스타일을 잘 알고 TPO(Time, Place, Occasion)에 맞게 세련되게 잘 가꾸라는 교육과 팁은 또 얼마나 많은지.

그런데 이런 교육 때마다 마음속 깊이 반발심이 좀 들었다. 이런 매너와 이미지 메이킹은 왜 반드시 서비스인만의 영역이어야 하는지 말이다. 매너도 친절도 상대적인 것이고, 서비스를 받는 사람도 지킬 것은 지켜야 한다. 상대를 존중해야 내가 존중받을 수 있고, 내가 존중받아야 남을 존중할 수 있는 것 아닌가. 서비스를 받는 손님이 나를 존중하지 않고 예의 없이 행동한다면, 서비스인도 더 이상 친절하고 상냥한 서비스는 불가능하다.

서비스가 더 중요해진 시대

이제는 사실 서비스가 모든 일에 기본이자 나아가서는 경쟁력이 되었다. 보통 서비스라고 하면 사람들이 제공하는 친절한 응대 서비스만을 생각하기 쉬운데, 사실 서비스는 유무형의 전반적인 부분에 걸쳐 있다. 제품을 산다고 하면, 사기 전에 상담을 받는 것부터, 제품 테스트를 해볼 수 있는지, 설치나 유지를 위한 출장 서비스가 있는지, 혹은 고장이 났을 때 수리해주는지, 사은품을 주는지까지도 모두 서비스에 해당되고, 또 기타 기술적인 것들도 다 서비스에 해당될 수 있다.

요즘은 기술이 너무 빨리 발전한다. 게다가 다 예쁘고 다 질 좋고, 뭐 하나를 사려고 해도 종류가 워낙 많다 보니 뭘 골라야 할지 선택하기가 어려울 지경이다. 그래서 이제는 같은 제품에서도 차별이 되고 선택의 기준이 되는 것이 바로 이 서비스가 되었다. 똑같은 제품이라면 당연히 사은품을 더 많이 주고, 배송을 더 빨리 해주고, 문제가 있다면 바로바로 해결해주는 곳을 당연히 선택할 테니까 말이다.

게다가 사람이 하는 일보다 컴퓨터가 하는 일이 많아지고 있다. 이제는 식당이나 카페에서도 키오스크로 주문을 하고, 어떤 곳은 아예 사람 없이 직접 계산을 하고 물건을 사기도 한다. 심지어는 사람이 하는 서비스가 주 업무였던 호텔에서도 로봇이 체크인을 하고 안내를 하고 서비스를 하는 시대가 되었다. 공항에서도 티켓을 직접 발권하고 짐도 고객이 직접 부치고, 입국 심사도 기계를 통해 받는다. 이렇게 사람이 하는 일이 적어지니까, 오히려 사람이 직접 하는 것에 대한 기대치는 날로 높아진다. 컴퓨터로는 대신할 수 없는 나의 복잡한 요청을 빠르고 정확하게 해결해줄 수 있는 것은 사실 사람뿐이고, 컴퓨터에는 기대할 수 없는 친절과 따뜻한 배려와 감정적인 응대를 바랄 수 있기 때문이다.

안 그래도 서비스는 엄청난 감정 소모를 필요로 하는데, 모든 직업과 직무에 기반이 된 데다가 기대치는 나날이 높아지니 더 이상 피할 곳이 없다. 내가 아무리 서비스랑 관련 없이 혼자 기술로 먹고사는 일을 한다고 해도 사회적인 관계에 해당되는 나와 같이 일하는 동료들도 결국에는 나의 내부 고객이니 이것 또

한 감정 소모가 없다고는 할 수 없다.

개인적으로 나는 서비스가 적성에 정말 안 맞았다고 생각했다. 엄청난 감정 노동의 직업을 가지고 온갖 스트레스를 받으면서도 나름 10년 동안 참고 배워낸 몇 가지 팁을 공유하려고 한다.

경쟁력을 갖출 수 있는 서비스 팁 세 가지

역지사지의 마음을 가져야 한다

나 역시 고객의 입장일 때는 조목조목 따지기를 잘하고 요구하는 것도 많은 까다로운 사람이다. 나 같은 고객만 안 만나면 다행인 수준이다. 또 처음 간 곳에서는 그곳의 시스템을 모르니 안절부절 어떻게 해야 하는지 당황스러울 때도 많다. 그들이 듣기엔 '뭐 저런 걸 물어봐?'라고 할 수 있는 것도, 막 붙잡고 알려달라고 도와달라고도 한다. 그러니 나의 서비스를 받는 고객들도 그럴 수 있다는 걸 이해해야 한다. 내가 서비스 받는 입장이라고 역지사지로 생각했을 때 적어도 기분 나쁘지 않을 정도로는 나도 해야 되는 것이다. 서비스를 받을 때만 왕이 되기를 바란다면, 서비스를 제공할 때는 내가 노예라는 사실을 인정하는 꼴밖에 안 된다.

나와 고객의 선을 정확히 해야 한다

고객들이 우리에게 불평불만을 쏟아내는 것은 우리가 그들의 서비스를 담당하는 직원이기 때문이다. 그들이 나를 언제 봤다고 개인적으로 나를 뭘 안다고 나를 붙잡고 불만을 토로할까? 단순히 그들이 보기에는 내가 눈앞에 있고 회사를 대표하는 직원이므로 어쩔 수 없이 나를 붙잡고 불만을 토로하는 것뿐이다. 따라서 고객의 불만을 응대할 때는 '나는 그냥 인터넷에 있는 불만 상담 페이지다' 하고, 그들의 불만을 타자 치듯 잘 받아 접수해서 회사로 내보내면 된다. 그 순간 그들의 분노 그리고 내 분노 (나도 화나니까) 또한 같이 묶어서 나를 지나쳐 회사로 내보내는 것이다.

개인적인 나와 회사에서의 나를 분류해서 마치 다른 자아인 듯 경계를 정확히 하는 것도 도움이 된다. 또 우리는 사실 직업에 따라 그만큼의 월급을 받고 그만큼의 서비스를 제공하는 것이다. 따지고 보면 정당한 거래 관계이니 서로 존중하고 예의를 지킨다는 선에서 적당히 할 만큼만 하면 되는 것이다. 내가 뭐, 처음 보는 고객들한테 빚을 진 것도 아니고, 고객이 나를 존중하지 않고 도를 넘는다면 우리도 참지 말고 우리의 권리를 외치자. 손님은 왕이라면 나도 왕이다.

책임감은 기본적으로 가져야 한다

서비스는 눈에 보이는 것도 아니고 기록에 정확히 남는 것도 아니다. 게다가 서비스는 제공하는 순간 그렇게 휙 지나가버려 사라진다. 그래서 사실 많은 사람들이 서비스를 대충 하려고 한다. 자기가 못 해도 증거가 남는 것이 아니니 그냥 그 순간만 모면하고 넘어가 버리거나 나는 아닌 척 발뺌을 하기도 하는 것이다. 그런데 솔직히 우리는 모두 안다. 네가 지금 제대로 하고 있는지, 대충 하고 있는지. 성의 없이 하는 서비스는 티가 나고, 내가 눈치챘다는 것을 또 상대도 분명 알 것이다. 그러니 순간의 모면과 발뺌은 더 이상 통하지 않는다는 것을 알고 성의껏 할 필요가 있다. 게다가 내 이름을 달고 하는 서비스인데, 적어도 내 이름에 먹칠하지는 말아야 하는 것 아닌가.

행복해서 웃는 것이 아니라, 웃어서 행복한 것이다

'행복해서 웃는 것이 아니라, 웃어서 행복한 것이다'라는 말이 있다. 맞는 말이다. 행복해서 웃는다고 치면, 뭐 도대체 얼마나 행복해야 웃는다는 것이며, 웃기 위해서는 반드시 내 기준을 뛰어넘는 행복을 찾거나 기다려야 한다는 것이다. 그런데 요즘같이 빡빡한 사회에서 글쎄, 진짜 행복해서 진짜 웃음이 만들어지기를 기다리다간 입꼬리나 올라갈는지 모르겠다. 대신 (고의적이더라도) 웃음은 행복에 대한 진입 장벽을 낮춰준다. 조금만 행복하더라도 크게 웃을수록 더 행복한 감정을 풍부하게 느낄 수 있고, 그 행복은 다시 더 큰 웃음을 불러오고, 그러면 또 더욱더 행복해지기 쉬워지면서 순환이 되기 때문이다.

서비스인이나 고객도 우리 모두 사람이니까 마찬가지다. 서비스인은 서비스를 하는 순간이 뭐 얼마나 행복해서 미소를 짓고 친절하게 행동하겠나. 그냥 영혼이 가득하진 않지만 고객을 위해서라도 방글방글 행복한 척 웃어대니까 목소리도 한 톤 더 높아지고 말투도 조금 더 친절해지는 법이다. 그리고 서비스를 하는 사람이 먼저 친절하게 다가갈수록 고객도 더 쉽게 마음을 열 것이다. 반대로는 고객도 그렇다. 도대체 얼마나 친절한 서비스를 받아야만 인사를 받아주고 그 비싼 미소를 지어준단 말인가. 어차피 서비스를 하는 사람이 먼저 다가올 것이니, 그냥 같이 받아주고 웃어주는 것 정도는 정말 어렵지 않다. 그리고 고객의 사소한 웃음과 친절한 태도는 서비스를 하는 사람을 달리다 못해 훨훨 날아다니게 만든다.

서로가 서로에게 더 친절한 날이 오기를…….

'죄송합니다'는
생각보다 어렵지 않다

그까짓 일이 나를
지배하지 않도록

내가 비행한 지 3년 차 정도 됐을 때, 나름 이제는 꽤 내 몫을 한다고 생각했을 때의 일이다. 다른 팀에 혼자 조인되어 장거리 비행을 갔다가 돌아오는 중이었다. 혼자 카트를 잡은 채 서비스를 하고 있었는데, 한 손님이 콜라를 주문했고 내 카트에는 콜라가 다 떨어지고 없었다. 때마침 조인된 팀의 팀장이 내 카트 반대쪽에 서 있었고, 뒤쪽 갤리와 바로 가까이에 있었기에 나는 팀장님에게 조심히 콜라 하나만 가져다 달라고 부탁을 드렸다. 그리고 그날 나는 짧지만 긴 내 비행 인생 제일 호되게 혼이 났다.

'감히 네가 나에게 콜라를 가져다 달라고 하냐', '너는 몇 살이냐', '내가 너 부모뻘이다' 등등. 게다가 다른 팀원들은 그런 팀장의 기분을 맞추기에 급급해, 어서 팀장에게 다시 가서 싹싹 빌라며 나를 부추겼다. 너무 억울하고 화가 났다. 업무에서 잘못을 한 것도 아니고, 남들에게 피해가 되는 실수를 한 것도 아닌데, 심지어는 승객이 콜라를 기다리면서 불편하지 않게 하기 위해 나름 고객의 입장에서 서비스를 한 건데 말이다.

그런데 어쩔 수가 없었다. 내가 여기서 팀장에게 억울함을 호소하고 치고받아 봐야 달라질 것은 없다는 걸 알았다. 너무 짜증나고 자존심도 상했지만, 결국에는 팀장을 찾아가 '죄송하다'고 말해버렸다. 그리고 호텔에서 머무는 내내, 집에 올 때까지도 기분이 너무 안 좋았다. 한국에 돌아와서는 부모님을 붙잡고, 친구들을 붙잡고 한참을 계속해서 하소연을 해댔다.

그렇게 몇 날 며칠을 열을 토하며 지내다가 문득 깨달았다. 그 사람이 뭐라고, 이미 지나간 그 일이 뭐라고 내가 이렇게 내 시간과 감정을 소모하고 있나. 그 일이 그렇게 내 인생이 흔들릴 정도로 힘들고 어려운 일이었나? 정작 당사자는 신경도 안 쓰고 기억도 못 할텐데, 왜 나만 안쓰럽게 이러고 있나? 나는 정신이 번쩍 들었고, 다행히도 평정심을 되찾았다. 이깟 일에 흔들리지 말자.

사과를
투척하라

사회생활을 하다 보면 그리 고마운 일도 아닌데 항상 말끝마다 '감사합니다'라고 해야 하고, 그리 잘못한 일도 아닌데 연신 '죄송합니다'를 달고 살아야 할 때가 많다. 사실 처음에는 이 두 말이 너무 과하게 정중하고 지나치게 저자세로 느껴져 자존심이 상하기도 하고 나 자신이 만만해지는 것처럼 느껴졌다. 그래서 괜히 혼자만의 신념을 가지고는 절대 인정하지 않겠다며 인사말을 아끼기도 했다.

그런데 친절과 봉사를 하는 직업을 가지고서 고객에게 인사말을 아끼는 짓은 쓸데없이 내가 나를 잡아먹는 짓이었고, 사실 동료들이나 선후배들도 결국은 회사 내 나의 내부 고객이었으니 그 또한 내가 나를 갉아먹는 짓이었다. 그리고 곧 이런 형식적인 인사와 사과가 영혼이 없다 할지라도 내가 들이는 노력에 비해 긍정적인 효과를 가져온다는 것을 깨달았다.

아마 사람들은 아닌 걸 알면서도 그냥 자기가 알고 있다는 것을 보여주고 맞다는 것을 인정받음으로써 자기가 더 우위에 있다고 믿고 싶은가 보다. 그래서 자기 얘기를 들어줄 만만하다고 생각되는 사람을 붙잡고 그렇게 '날 좀 봐달라'고 땡깡을 부리는 것이다. 감히 팀장인 본인에게 콜라를 부탁했다고 노한 옛날 그 꼰대 같던 팀장도 사실 승객에게 콜라를 가져다주는 것이 우선이라는 것을 알고 있었을 것이다. 혹은 하늘길의 사정으로 지연된 비행기를 빨리 출발시키라고 불평하는 승객들도 사실 승무원에게 아무리 말해봤자 그들이 조종실 문을 박차고 들어가 운전대를 잡고 비행기를 당장 출발시킬 수 있는 것도 아니라는 것을 알고 있을 것이다. 그렇지만 자신이 불편하고 화가 났다는 사실을 알리고 싶고, 자기 말이 맞다는 것을 인정받고 싶으니 들어줄 수 있는 사람을 찾는 것이다.

어차피 나랑 좋은 관계를 맺고 평생 갈 사람도 아니니 나는 위와 같은 갈등이 발생하면 그냥 그들이 원하는 대로 들어주고 인정해주기로 했다. '죄송합니다' 이 한마디로 말이다. 사실 '감사하다'고 '죄송하다'고 말하는 것은 정말 어렵지 않다. 영혼을 듬뿍 담을 필요도 없고, 그냥 인사치레를 성심성의껏 하는 정도로만 하면 된다. 상대에게 하는 인사말 '안녕하세요'가 정말로 상대가 지난밤 동안 안녕했는지가 궁금해서 건네는 말이 아닌 것처럼 말이다. 그리고 마치 그들의 목적이 감사나 사과 인사를 받는 게 아니었나 싶을 정도로 인사 한마디에 문제가 해결되기도 하니, 나는 그냥 이런 인사에 큰 의미를 부여하지 않기로 했다.

이런 사실을 깨달은 뒤부터 나는 억울하고 답답한 일이 별로 없었다. 비슷비슷한 일은 주기적으로 일어났지만, 그 일로 내 자존심이 상하거나 열이 나거나 하는 일은 없었다. 매우 부당하게 나를 '갈구는' 상사나 과도한 서비스를 요구하는 '진상' 고객을 대할 때는, 어차피 이상한 사람은 당신이지 내가 아니니까 형식적인 사과를 하는 일은 어렵지 않다고 생각했다. 그러고는 마음속으로 한 템포 생각한 뒤에 이렇게 말했다.

"(하나도 죄송하지 않아서) 죄송합니다."

무례함의 척도는 '강약약강'

비행을 하면서 정말 무례한 사람들을 많이 만났다. 서비스적인 측면에서는 무례한 승객이 정말 수도 없이 많지만 융통성이라는 잣대를 갖다 대면 무엇이 옳고 그른지 경계가 모호해지니 언급하기는 어렵다. 하지만 안전의 측면에서는 언제나 승무원이 옳다. 간혹 친절하게 대해주는 승무원에게 도가 지나치다 못해 안전에 위배되는 행동을 하는 승객들이 있는데, 그럴 경우에는 아무리 친절하던 승무원들도 단호하고 엄격하게 변한다.

특히 주류 서비스의 경우 문제가 많이 발생한다. 처음에 몇 잔은 서비스의 개념으로 제공하지만, 점점 도가 지나치게 술을 요구하는 경우에는 승무원의 권한으로 서비스를 거절하고 템포를 조절하게 된다. 그런데 꼭 한 번 친절하게 안내했을 때 받아들이지 않고 더 무례하게 요청하거나 주사를 부리는 사람들이 있다. 이는 안전운항에도 위배되며 주변 승객들에게도 피해가 되기 때문에, 승무원들은 친절을 뒤로하고 단호하고 엄격하게 경고를 날린다. 그럼 방금까지 술에 취한 것처럼 무례하게 주사를 부리던 사람들이 언제 그랬냐는 듯 멀쩡하게 돌아와 갑자기 순한 양이 되는 것을 자주 목격하는데, 참 어이가 없으면서도 웃기다.

대부분의 무례한 사람들의 특징은 '강약약강'이다. 강한 사람들에겐 약하게 행동하고, 약한 사람들에게만 강하게 행동하는 것이다. 물론 물리적으로 강한 사람 앞에서 조심스럽게 행동하는 것은 생명과도 직결되는 문제이므로 당연한 행동일 수 있다. 그러나 사회적인 약자에게 강하게 행동하며 쓸데없이 콧대를 세우는 것은 비겁하다 못해 비열한 짓이다.

서비스 업종에 근무하는 사람들에게 이런 식의 태도를 보이는 사람 역시 비겁하기는 마찬가지다. 이런 사람들은 직업상 친절하게 대해주는 서비스 종사자를 약한 존재라고 착각하고, 호의가 계속되면 권리인 줄 알면서 무례한 행동을 서슴지 않기 때문이다. 이들은 공통적으로 행동에 줏대가 없어서 강해졌다 약해졌다를 왔다 갔다 하는 경향이 있다. 특히 자신이 약하다고 여겼던 사람에게 역으로 한 방을 먹으면 금세 꼬리를 내리며 빠르게 태세 전환을 하기도 한다. 아주 사람이 비겁하구나, 정이 뚝 떨어지는 순간이다.

무례한 사람을
만났다면

　　　　　　나는 무례한 사람들을 대할 때 두
가지 방법을 이용한다.

첫 번째는 보란 듯이 깍듯하고 과할 정도로 예의 바르게 행동
하는 것이다. 마치 '당신이 아무리 노해서 난리를 쳐도 나에겐 아
무런 타격이 없다', '그런 것 따위로 흔들릴 레벨이 아니지', '나는
당신이랑 수준이 달라' 이런 느낌으로 말이다. 상대가 무례하게
노발대발할수록 나는 몇 배 더 차분하고 여유롭게 행동한다. 보
통 상식이 통하는 사람이라면, 순간 별것도 아닌 걸로 극대노하
고 있는 자기 자신이 부끄러운 것을 깨닫고 한발 물러선다. 드디
어 평범하고 이성적인 대화가 가능해지는 것이다.

때로는 이도 저도 안 되고 말도 안 통할 정도로 이상한 사람
들도 만나기 마련인데, 이때 정답은 그냥 무시하는 것이다. 솔직
히 싸우는 것도 말이 통하고 수준이 맞아야 싸울 수 있고, 상대
가 정신 차리기를 바라니까 싸우는 것이다. 그럴 필요조차 없을
때는 그냥 '개무시'가 답이라고 생각한다. 그냥 평생 그렇게 생긴
대로 살라고 말이다. 거기에 감정을 쏟고 스트레스를 받는 것은
오히려 내 손해일 뿐이다. 여기에서 더 익숙해지면 오히려 비상
식적인 그들에게 씨익 웃어 보이는 수준까지 나아갈 수 있다.

'그래, 그러든지 말든지.'

좋은 사람이
나에게 맞는 사람은 아니다

순한 팀장 vs
무서운 팀장

　　　　　　　나름 '빡쎈' 여자들의 사회생활이
존재하는 승무원의 세계에서 근 10년을 지내면서 깨달은 점이
하나 있다면, 바로 모두에게 좋은 사람이 나에게 좋은 사람은 아
니라는 것이다.

　내가 다녔던 항공사에서는 한 번 팀이 되면 1년을 같은 팀으
로 움직인다. 거의 1년 동안 가족보다 더 많이 만나고, 같이 먹
고, 같은 호텔에서 자고, 같이 다닌다. 원래 여행을 가도 어디를
가느냐가 중요한 게 아니라 누구와 가느냐가 중요한 거라고 하

지 않은가. 그래서 팀 배정 발표 때가 되면 모든 승무원들이 아주 난리가 난다. 서로 아는 팀장이 있는지, 아는 팀원이 있는지, 이 사람은 어떤지 저 사람은 어떤지 여기저기 물어보고 마음의 준비를 하곤 한다.

나는 비행을 하면서 정말 착하고 좋다고 소문난 팀장과 팀이 되어 1년을 함께 해봤고, 속칭 블랙리스트라고 소문난 무서운 팀장과도 함께 생활해보았다. 물론 겉보기에는 착하고 좋다고 소문난 팀장과의 비행이 더 편하고 좋을 것 같았지만, 사실 나는 무서운 팀장, 무서운 언니들과 더 잘 맞았다(어쩌면 내가 무서운 언니여서 그랬을 수도).

무서운 사람이라고 해서
나쁜 건 아니다

승무원들이 대부분 무서워서 피하는 팀장들의 특징은 일 처리가 빠르고 정확했다. 실수가 생기지 않도록 사전에 교육을 무섭게 시켰고, 잘못된 일이 생기면 누가 무엇을 어떻게 잘못했는지 잘잘못을 따지고 때로는 말도 세게 했다. 그리고 그런 과정에서 팀장의 카리스마 섞인 말투에 모두가 무서워할 수밖에 없었다. 어쩌면 같은 직원인 승무원보다는 항상 승객들의 편이었다. 우리를 바라볼 때는 매번 노려보고 의심하는 무표정한 얼굴을 하다가도 승객들 앞에만 서면 그렇게 고상한 웃음을 날리면서 친절할 수가 없었다.

그런데 사실 나는 이런 팀장들의 성격과 업무 스타일이 더 잘 맞았다. 물론 겉으로는 무서워 보였지만, 오히려 업무에 구멍 없이 잘만 하면 아무런 문제가 되지 않았다. 실수가 있어도 겁내지 않고 정확하게 보고하고 도움을 요청하면 멋지게 나서서 해결해 주었고 뒤끝도 없었다. 항상 승객들의 편이었기에 섭섭하기도 했지만, 덕분에 승객들의 불평불만 하나 없이 안전한 비행이 가능했다. 전체적으로 팀의 성과나 평가가 평균 이상이었다. 또 이런 팀장일수록 겉으로만 보이는 과한 사회생활을 요구하지도 않았고 칼 같은 리더십과 책임감을 보여줬다.

당연히 착하고 좋은 팀장과도 잘 맞고 좋았다. 팀원들이 실수를 해도 잘 감싸주고 친절하게 가르쳐주고, 사소한 불평불만들도 잘 들어주며 비행 환경을 편안하게 만들어주었다. 언제나 승무원의 편에 서서 우리를 대변했다. 기본적으로 분위기가 너무 좋아서 비행을 가는 것이 스트레스가 적었다.

대신 때로는 팀원들을 지나치게 편하게 해주는 바람에 긴장이 덜했다. 팀원들은 너무 널널한 분위기에 업무에 실수가 많았고, 실수를 해도 크게 개의치 않았다. 사소한 팀원들끼리의 감정싸움 같은 불평에도 이리저리 휘둘리느라 분위기가 잘 잡히지 않기도 했다. 보스의 자리에서도 승객들의 기분에 이리저리 자주 끌려다니다 결국은 팀 전체의 점수도 자주 깎였다. 팀의 평가는 곧 나의 평가이기도 했으므로 사람 좋은 팀장과 일하는 내내 업무에 구멍이 날까 걱정되고 불안했던 기억이 있다.

대부분의 승무원들은 착하고 좋은 팀장과 한 팀이 되기를 바랐다. 그리고 되도록 무서운 팀장과는 한 팀에 배정되지 않기를 바랐지만, 누군가는 나처럼 무서운 팀장과 더 잘 맞는 승무원들도 있었다. 물론 이 정도로 모든 사람을 일반화할 수는 없지만, 그리고 누구나 그런 것도 아니고 사람마다 다를 테지만, 어쨌든 모두가 대부분 좋아하는 사람이 반드시 나에게도 맞는 사람은 아니었던 것이다.

나에게 맞는 사람이
좋은 사람

친구의 연애 상담을 해주다 듣게 된 이야기다. 친구의 남자친구는 너무 착하고 예의 바르고 배려심이 깊었다. 남들이 보기에는 어디에도 없는, 친구만 바라보는 최고의 남자친구처럼 보였다. 하지만 당사자인 친구는 남자친구의 그 부분이 너무 답답하다고 했다. 남들에게 너무 예의 바른 남자친구 때문에 양보만 하다가 정작 자기들은 항상 차례를 놓쳤다. 주변에 만날 이용만 당하고, 돈을 빌려주면 돌려받기도 미안해한다고 했다. 심지어는 배려심이 너무 깊어서인지 어디를 갈지 무엇을 먹을지 항상 친구가 고르기만을 기다렸다(사실 이걸 착하다고 해야 되는 건지).

남자친구가 너무 착해서 친구는 아무리 화가 나도 욕도 한마디 못 하고 앞에서는 짜증도 못 낸다고 했다. 무슨 말만 하면 미안하다고 자기 탓이라고 하는 남자친구 앞에서는 이것저것 따지는 자기 자신이 괜히 이기적이고 못된 사람처럼 느껴진다고 했다. 친구는 결국 남자친구와 헤어지고 말았다. 주변에서는 그렇게 착하고 좋은 남자가 없다며 모두 말렸지만, 당사자인 친구에게는 아무 의미가 없었나 보다.

남들이 아무리 예쁘고 비싼 옷이라고 가져와 나에게 입혀도 내 마음에 안 들고 나한테 안 어울리면 그건 그만한 가치가 없다. 남들이 아무리 돈을 많이 주고 좋은 직장이라 하더라도, 내 적성에 안 맞고 의미가 없다고 느껴지면 그 또한 그만한 가치가 없다. 모두가 아무리 착하고 좋은 사람이라고 해도 내가 도저히 참을 수 없는 습관을 가지고 있거나 나랑은 정말 통하지 않는 성격을 가지고 있으면 누가 뭐래도 나에게는 좋은 사람이 아니다. 세상에는 절대 마냥 좋은 사람은 없다. 좋다고 여기는 기준도 사실 참 주관적이기 때문에 나에게 잘 맞는 사람, 그 사람이 곧 나에게는 좋은 사람이 된다.

호의로 알아보는
좋은 사람 구별법

좋은 사람을 구분하는 방법 중에 가장 빠르고 확실한 방법은, 그 사람에게 계속해서 호의를 베풀고 잘해주는 것이라고 한다. 상대가 진정 좋은 사람이라면 내가 베푸는 호의를 고맙게 받고 배로 돌려줄 것이기 때문이다.

하지만 그렇지 않은 사람이라면 당연하고 만만하게 여기면서 금방 자기의 못난 성격과 좁은 속과 작은 그릇과 이기적인 마음과 기타 등 여러 가지 치부를 드러낼 것이다. (잡았다 이놈!) 그러니 좋은 사람을 찾고 싶다면 주변에 아까워 말고 마음껏 호의를 베풀자. 그것이 나도 좋고 너도 좋고 서로 기분 나쁘지 않게 관계를 유지하면서 심지어는 그 사람의 진짜 인성과 품격을 테스트(?)하는 제일 좋은 방법이 될 것이다.

잊지 말자. 잘난 사람을 만나려면 내가 먼저 잘나야 하고, 좋은 사람을 만나려면 내가 먼저 좋은 사람이어야 한다.

우리가 생각하는
꼰대는 없다

막내 꼰대의
탄생

　　　　　　　나는 비행하면서 정말 수많은 꼰대 같은 상사들과 꼰대 같은 승객들을 만났다고 생각한다. 카트에 콜라가 떨어져 콜라를 부탁했는데 '너가 나한테 감히'를 외치던 팀장도, 자기가 신입이었을 때는 어쨌네 저쨌네 요즘 애들은 어쩌고 저쩌고 '라떼'를 시전하는 선배도, 다짜고짜 '아가씨'라고 그냥 반말을 해대며 없는 걸 찾아내 가져오라는 승객도 모두 꼰대 같았다.

　　그래서 흔히 '꼰대' 하면 기성세대, 배 나온 아저씨나 까탈스러운 아줌마, 중년과 노년의 경계에 있거나, 자기 기준만 내세우는 중급 관리자 등을 생각하기 마련이다. 게다가 요즘은 꼰대 자가진단 테스트, 꼰대 10계명, 꼰대 육하원칙에 꼰대를 다룬 드라마까지 등장해 '꼰대'를 더 희화화하고 말이 통하지 않는 벽창호쯤으로 치부하는 게 기정사실이 된 듯도 하다.

이런 이유 탓인지, 나 또한 꼰대 테스트나 진단법 등을 보면 쉽게 지나치지 못하고 몇 개나 해당되는지 테스트를 하면서 꼭 확인을 하곤 한다. 특히 이 꼰대들의 특징을 보다 보면 유독 생각나는 인간이 한두 명씩 있는데, 신기하게도 그중 한 명은 직급 높은 선배나 나이 많은 상사도 아니고 비행하다 만난 승객도 아니고, 몇 년 전 신입으로 우리 팀에 새로 들어왔던 막내다.

사연인즉, 비행이 끝나고 공항 카페에서 동기와 커피를 마시고 있었다. 의도치 않게 뒤 테이블의 대화를 엿듣게 됐는데, 승무원들의 대화였다. 그중 한 명이 유난히 목소리가 엄청 크고 혼자만 계속 주절주절 얘기를 해댔다. 요즘 비행할 때 자신은 뭐를 준비하고 뭐를 공부한다는 둥, 너희들도 그렇게 하라는 둥, 자신이 처음 비행했을 때는 이랬는데 요즘에는 뭐가 바뀌어서 신입은 좋겠다는 둥 하나부터 열까지 다 자신의 경험을 상대방에게 강조하는 말이었다.

그러다 다른 애가 한마디 던졌더니 바로 또 그렇게 하면 안 된다, 나처럼 해야 한다, 너처럼 하다가는 어쩌고저쩌고……. 뒤에서 듣기만 하는데도 기가 빨렸다. 꼰대 꼰대 왕꼰대 짓을 주변 친구들한테도 하는구나 싶었다.

그러다 며칠 후 우리 팀에 새로운 막내 승무원이 들어왔는데 놀랍게도 그때 카페에서 온갖 꼰대 같은 조언을 일삼던 바로 그 승무원이었다. 내심 웃기기도 하고 귀엽기도 했다. 꼰대라는 것은 마냥 나이 많은 사람이나 지위가 높은 사람에게만 해당되는 것은 아니구나, 그냥 성격이나 성향, 품성의 차이인 것이구나.

꼰대가 나타나자
좋은 선배들이 사라졌다

내가 주니어로 비행하던 때는 꼰대라는 말 자체가 없었고, 너무 어린 나이에 일을 시작해서 그런지 선배가 하라면 하는 것이 불편하진 않았고, 감히 꼰대라기 이전에 그냥 모든 선배들이 무섭고 조심스러웠다. 그리고 딱 중간 시니어 정도 됐을 때 '꼰대'라는 단어가 등장하면서 위아래로 여러 꼰대들이 눈에 보이기 시작했다.

위로는 당연히 꼰대 같은 선배들이 있었다. 지금은 없어진 옛날의 업무 방식을 아직도 강요하거나, 비행이 끝나고 호텔에 머무는 동안에도 반강제적으로 불러내서 데리고 다니거나, 요즘 후배들은 열심히도 안 하고 일도 못한다며 '라떼(나 때는 말이야)'를 시전하고 옛날 얘기를 꺼냈다. 가만히 앉아서는 입으로만 일하는 선배들도 아주 꼰대 같았다. 물론 그런 꼰대들과는 비교가 안 될 정도로 사회생활의 꿀팁을 알려주거나, 일을 더 효율적으로 할 수 있는 요령을 알려주고, 진상 고객을 만나 힘들어 지쳐 있을 때 격려해주고 이끌어주는 선배도 엄연히 많았다.

그러나 너무 슬픈 건 '꼰대'라는 단어가 생기고 유행을 하면서 이런 좋은 선배들이 줄어들기 시작했다는 것이다. 오히려 진짜 꼰대들은 자기가 꼰대인 줄도 모르고 계속해서 꼰대짓을 했지만, 좋은 선배들은 혹시나 후배들이 자기를 꼰대라고 여길까 봐 입을 닫고 거리를 두기 시작한 것이다.

동기 중에도 후배가 많아질수록 점점 꼰대가 되어가는 애들이 있었다. 그런데 너무 웃기게도, 꼭 그런 동기들은 옛날부터 항상 누구는 꼰대네 마네 하며 선배들을 콕 집어 욕하던 친구들이었다는 것이다. 그렇게 욕하고 싫어했던 꼰대랑 자기가 똑같은 행동을 하고 똑같은 꼰대가 되어 있다는 사실을, 자기들은 모르겠지만. 혹은 알면서 인정하지 않겠지만.

또 후배라고 해서 꼰대가 아닌 건 아니었다. 오히려 무슨 말만 하면 '꼰대다, 아재개그다, 세대 차이가 난다'고 강조하면서 역으로 꼰대짓을 하기도 했다. 조금이라도 거슬릴 기미가 보이면 바로 꼰대 아니냐고 몰아가면서, 마치 '꼰대'라는 함정을 파놓고 선배들이 발가락 하나라도 담그기를 기다리는 것 같았다. 후

〈꼰대 자가진단 테스트〉

1. 사람을 만나면 나이부터 확인하고, 나보다 어린 사람에게는 반말을 한다.
2. 요즘 젊은이들이 노력은 하지 않고 세상 탓, 불평불만만 하는 것 같다.
3. "○○란 ○○○인 거야" 식의 진리 명제를 자주 구사한다.
4. 후배의 장점이나 업적을 보면 자동반사적으로 그의 단점과 약점을 찾게 된다.
5. "내가 너만 했을 때" 얘기를 자주 한다.
6. 나보다 늦게 출근하는 후배가 거슬린다.
7. 고위공직자나 대기업 간부, 유명 연예인 등과의 개인적 인연을 자꾸 얘기하게 된다.
8. 커피나 담배를 알아서 대령하지 않거나 회식 자리에서 삼겹살을 굽지 않아 기어이 나를 움직이게 만드는 후배가 불쾌하다.
9. 자유롭게 의견을 얘기하라고 해놓고 나중에 보면 내가 먼저 답을 제시했다.
10. 후배의 옷차림이나 인사예절도 지적할 수 있다.
11. 내가 한때 잘나가던 사람이었다는 사실을 알려주고 싶다.
12. 연애사 등 사생활의 영역도 인생 선배로서 답을 제시해줄 수 있다.
13. 회식이나 야유회에 개인 약속을 이유로 빠지는 사람을 이해하기 어렵다.
14. 내 의견에 반대한 후배는 두고두고 잊지 못한다.
15. 아무리 둘러봐도 나보다 더 성실하고 열정적으로 일하는 사람은 없는 것 같다.

  • 0~2개: 당신은 성숙한 어른입니다.
  • 3~5개: 꼰대의 싹이 트고 있습니다.
  • 6~11개: 꼰대 경계경보 발령!
  • 12~15개: 자숙기간이 필요합니다.

출처: 매일경제

배로서 선배들을 비난할 수 있는 무슨 권력이라도 쥔 것처럼 말이다. 그리고 하필 그 함정에 빠지는 것은 매번 좋은 선배들이었다.

꼰대 따지는 내가
진짜 꼰대일 수 있다

'꼰대'라는 단어는 어디까지나 기성세대를 비난하고 비하하는 의도를 가진 단어다. 그러나 기성세대에게도 배워야 할 점은 분명히 있고 본받아야 할 점도 분명히 있다. 때로는 '까라면 까'는 게 정답일 때도 있으며, 눈칫밥도 조금은 먹을 줄 알아야 사회생활에 이력이 붙는 법이다. 참고 조용히 넘어갈 수 있는 일을 조금도 못 한다 하면, 어떤 직장에서도 제대로 적응하기는 힘들 것이다.

꼰대 테스트에서 얘기하는 남의 말은 다 틀리고 내 말은 다 맞다는 식의 주장과 자기 경험이 정답인 양 말하는 특징들 모두 반드시 상사나 윗사람에게만 해당되는 것이 아니다. 개인적인 성품이나 태도, 자세에 달려 있는 것일 뿐 얼마나 꼰대짓을 인식하고 받아들이냐에 따라 누구나 꼰대가 될 수 있다. 다른 사람들의 행동에서 꼰대적인 측면만 유심히 찾아보고, 누구는 꼰대고 누구는 꼰대가 아니라고 분류하고, 꼰대들은 이렇네 저렇네를 따지고 의식하는 사람일수록 이미 꼰대 기질이 발동된 것이라고 볼 수 있다. 분명 자기는 아니라고 할지 몰라도, 다른 사람들은 다 알 것이다. 너도 이미 꼰대라는 것을.

또한 사람의 성격이나 가치관 등은 절대 '꼰대' 같은 한 단어로 정의하고 판단할 수 없다. 그들이 살아온 인생을 우리는 모르고, 그들의 사는 방식에 맞고 틀리고는 없으니까 말이다. 우리는 꼰대라는 단어로 사람을 규정짓고 편견을 갖기 이전에 자기만의 주관을 먼저 가져야 한다. 꼰대 같은 사람에게서도 배워야 할 것은 배우고 배우지 않아야 할 것을 현명하게 잘 거를 수 있는 나만의 주관 말이다. 꼰대는 없다. 꼰대가 있다고 생각한다면, 내가 꼰대이기 때문일 것이다.

같은 의미로 꼰대, 갑을, 세대 차이 등 단어가 주는 중압감에 너무 휘말리지 않았으면 한다. '꼰대'라는 단어를 알고 나니까 위아래로 꼰대가 보이고, 나도 모르게 꼰대가 되어가는 것처럼 말이다. 세대 차이를 자꾸 언급할수록 정말 세대 간의 차이만 눈에 보이는 법이고, 누가 갑이네 누가 을이네를 자꾸 언급할수록 지금 나는 갑인지 을인지 의식하게 되는 법이다.

논리와
무례 사이

　　　　　　　　간혹 내 또래를 포함한 청년들을 보면 논리와 무례 사이에 간당간당하게 서 있다는 생각이 자주 들곤 한다. 교육을 잘 받아서, 너무 똑똑해서 그런 건지 아니면 개인주의적 성향이 강해져서 그런 건지 모르겠지만, 이성과 논리로 무장하고 조금의 불편도 참지 않으며 권리를 당당하게 외친다. 때로는 정당한 권리를 논리적으로 외치는 것이 우리나라 미래는 밝구나 싶으면서도, 또 때로는 융통성이 부족하거나 조금의 다름도 이해하지 못하는 모습에 우려가 되기도 한다.

　인터넷에서는 '시장에서 나이 많은 할머니가 반말을 해서, 나도 똑같이 반말을 해줬다'라는 식의 글을 여러 번 봤다. 혹은 '꼰대 같은 못된 상사에게 참지 않고 똑같이 덤벼들어 복수해줬다', '사직할 때 모든 파일을 삭제하고, 직원들의 비밀을 까발리고 나왔다'는 식의 글도 많다. 그리고 대부분의 댓글에는 '잘했다. 똑같이 (혹은 더 심하게) 해줘서 본때를 보여줘야 한다'고 한다.

　그래, 논리적으로 따지자면 틀린 말은 아닐 수도 있다. 물론 남녀노소 누구든 남에게 상식적으로 예의를 갖춰야 하는 것이 맞고, 때로는 정당하게 본때를 보여줘야만 정신을 차리는 사람들도 있다. 근데 한편으로는 조금의 이해도 없이 참 얄짤없는 것 같아서 인정머리 없고 무섭게 느껴진다. 나는 조금의 손해도 보지 않을 것이고, 잘못된 것은 무조건 따져서 내가 맞다는 것을 증명해 보이려고 하면, 상대방에 대한 이해나 포용은 사라지고 '내가 왜 그래야 되는데?'와 같은 이기주의가 되어버리니 말이다.

정답은 없다. 뭐가 옳고 그른 것도 아니다. 다만, 논리와 무례, 그 경계 사이에서 너무 많이 벗어나지 않도록 주의할 필요는 분명 있다고 본다. 이건 꼭 기억하자. 내가 말하는 권리가 나한테도 작용하면 논리적이지만, 다른 사람에게만 들이대면 무례한 것이다.

심리 상담을 받으세요

    우리는 몸을 건강하게 유지하기 위해 운동을 합니다. 그리고 정신을 건강하게 유지하기 위해서는 심리 상담을 받을 수 있죠. 외국에서는 마치 운동을 다니듯이 정기적으로 심리 상담을 받는 것이 흔한 일이지만, 아직 우리나라에서는 정신적으로 힘들거나 아픈 사람이 찾는 곳이라는 인식이 있습니다.

    저 또한 성격상 남들에게 나의 이야기도 잘 하지 않고, 누군가에게 도움을 받는 것도 익숙하지 않아서 처음 상담을 받을 때는 너무 어색했습니다. 상담 전에는 오늘 무슨 얘기를 어떻게 나눠야 하는지 혼자 준비해가지를 않나, 상담 중에는 솔직하지 못하고 계속 숨기고 가려 얘기하면서 붕 뜬 얘기만 나눴죠. 그러면서 해결 방법은 무엇이고 어떻게 하라는 건지 반드시 결론을 내려고 하기도 했습니다. 무슨 회사에서 업무회의를 하는 것도 아닌데 말이죠. 그렇게 몇 회가 (내가 생각하기에는) 의미 없이 지나가고, 한 번은 도저히 오늘 가서 무슨 얘기를 나누고 해결 방법을 찾아내야 하는지 말할 '거리'를 못 찾아서 '어떡하지' 하면서 몸만 간 적이 있습니다. 그리고 그날 처음으로 시간 가는 줄 모르고 상담을 받았습니다. 마음을 내려놓고 상담사님이 이끌어주는 대로 순간순간에 집중해 따라가다 보니, 어느새 말이 술술술 나오더라고요. 게다가 얘기를 나누면서 나도 잊고 있던 것들이 떠오르고 그런 것들이 서로서로 지금과 연결되는 것을 깨달을 때는 너무 신기하기도 하고 가슴이 뻥 뚫리는 기분이었습니다. 그 이후부터는 무슨 얘기를 나눠야 할지, 그래서 결론이 무엇인지에 집착하지 않고 진짜 대화를 나눌 수 있었던 것 같습니다.

'바쁘다, 바빠 현대사회'에서 얼굴을 마주 보고 진솔한 대화를 나누는 시간을 갖기란 쉽지 않습니다. 게다가 시국이 시국인지라 온라인으로만 한 겹 넘어 겨우 소통하는 사회가 됐죠. 그래서 자꾸 사람들은 감정을 마주하는 것보다 외면하고 무시하는 것이 익숙해지고, 반대로는 자꾸 이성적이고 논리적인 것이 옳은 것처럼 여기는 것 같습니다. 누군가에게 서운하거나 불편하거나 바라는 것이 있어도 말하지 못하고 관계를 쉽게 손절해 버리는 것처럼 말이죠.

그런데 사람은 사람 없이 살 수 없고, 관계는 서로 감정을 나누면서 자랍니다. 상담을 받는 것은 나의 감정을 솔직하게 마주하게 해주고 타인의 감정도 이해할 수 있도록 도와줍니다. 또 누군가와 진솔하게 소통하는 시간이 되기도 하죠.

게다가 상담하는 시간 동안 나의 근심 걱정 고민거리를 털어놓을 수 있으니, 주변 동료나 친구나 가족들에게 과한 인생의 푸념이나 한탄할 필요가 없습니다. 서로 소통할 수 있는 시간도 많지 않은데, 그 소중한 시간이 감정 쓰레기통이 되지 않을 수 있었던 것이죠. 덕분에 관계도 훨씬 더 좋아지고, 평소에도 혼자 고민에 빠져있지 않아도 됩니다.

상담하는 시간에 풀어놓으면 되니까요.

요즘에는 반드시 상담 센터를 찾아가지 않더라도 가볍게 할 수 있는 전화, 어플, 인터넷 상담도 많습니다. 때문에 처음 해보는 상담이 부담스럽다면 더 쉽고 가벼운 것부터 시도해보면 되겠습니다. 아무리 시간이 없고 돈이 없어도, 정신건강을 챙기는 것만큼 시간과 돈을 아낄 수 있고 중요한 것은 없습니다.

4장

시간 Self-up, 일과 삶을 구분하자

나만의 루틴 매뉴얼을
만들어라

두 마리 토끼를 잡는
멀티태스킹

나는 전철을 타면 반드시 책을 읽는다. 절대 핸드폰을 꺼내지 않는다. 핸드폰은 아예 가방 속에 넣어놓고 목적지에 도착할 때까지 책을 읽고, 전철을 갈아타는 동안에도 책을 가방에 넣지 않고 꼭 손에 쥐고 있다. 딱히 이유는 없다. 그냥 우연히 전철에서 고개를 들어 주변을 둘러봤는데, 정말 눈에 들어오는 사람들이 단 한 명도 빠짐없이 고개를 푹 숙인 채 핸드폰만 보고 있었다. 그 장면이 너무 별로였다. 나는 좀 다르고 싶었다. 그래서 가방 안에 있던 책을 꺼내 읽었다.

그러고는 나 혼자 내 모습에 취해 기분이 좋았다.

처음에는 그냥 '오? 좋은데? 다음에도 그래야지' 정도에서 시작했는데, 지금은 묻지도 따지지도 않고 무조건 전철을 타면 책을 꺼내 읽는다. 나름의 루틴 매뉴얼이 된 탓이다. 너무 사소하고 별것 아니지만, 괜히 루틴 매뉴얼이라고 이름을 붙여놓고 보니 딱히 안 해도 상관없는데 더 악을 쓰고 잘 지키기도 한다. 생각해보니, 덕분에 시간 내서 의무적으로 책을 읽거나 '책 읽어야 되는데' 하는 계획을 세우지 않고도 어느새 일주일에 한 권 정도는 다 읽을 수 있었다.

나는 이처럼 일정한 행동과 행동을 묶어 나름 조합을 만들어 놓고 버릇처럼 실천한다. 이것은 나만의 루틴 매뉴얼이 되어서 두 마리 토끼를 잡는 멀티태스킹이 되었다.

보통 사람들이 화장실에 갈 때 핸드폰을 들고 가서 보는 습관 때문에 만성 변비에 시달린다고 하던데, 화장실에서 핸드폰을 보느라 시간 가는 줄 모르고 앉아 있기 때문일 것이다. 이때 만약 재밌는 핸드폰과 화장실을 묶지 말고 재미없는 신문이나 영어 단어장을 화장실과 묶는다면 어떨까? 아마 온 힘을 다해서 빠르게 일을 보고 화장실을 나올 것이다. 혹은 나름대로 신문 한 면 정도, 영단어 몇 개 정도는 외워버릴지도 모른다. 바로 이렇게 '화장실과 신문'과 같은 조합을 만드는 것이다.

좋아하는 것 +
싫어하는 것의 조합

첫 번째는 좋아하는 것과 싫어하는 것의 조합이다. 좋아하는 것은 열심히 하지 않아도 잘만 되는데, 싫어하는 것은 도저히 시간을 내기도 싫고 시작을 하기도 어렵다. 그래서 나는 좋아하는 것과 싫어하는 것을 세트처럼 조합해 묶었다.

나는 집에서 혼자 공부하거나 작업을 할 때 옆에 꼭 드라마나 예능 같은 동영상을 켜 놓는다. '지금부터 시작!' 하고 앉아서 착착착 집중이 딱 되면 물론 좋겠지만 거의 대부분은 하기가 싫으니 자리에 앉는 것부터가 쉽지 않다. 지금부터 집중해서 일을 해야 한다고 생각하면, 괜히 책상 정리가 하고 싶고, 배가 고프고, 까먹었던 일들이 생각난다.

그래서 차라리 좋아하는 동영상을 켜놓고, 집중력을 약간 분산시켜서 '일을 시작한다'는 사실의 진입 장벽을 살짝 낮추는 것이다. '예능이나 보면서 슬렁슬렁 간만 봐야겠다' 같은 마음으로 일단 책상에라도 앉도록 말이다. 대신 적어도 주객이 전도되면 안 되므로 동영상을 켜놓더라도 이미 다 봤던 것들 혹은 재미가 없는 것을 주로 틀어놓는다. 새로운 것들은 흥미를 자극하는 탓에 자꾸 눈이 돌아가게 만드니까 내용을 거의 다 알아서 외우기 일보 직전인 프로그램들을 배경음악처럼 틀어놓는 것이다.

그렇게 해놓으면 처음에는 힐끔힐끔 동영상을 보기도 하지만, 일단 자리에 앉았고, 할 일은 눈앞에 있고, 사실은 다 봤던 거라 궁금하지 않고 배경음악처럼 들리니 어느새 일에 집중하기 시작한다. 그러다가 스퍼트가 붙는 순간, 동영상은 자연스럽게 끄게 된다.

이렇게 해서 내가 좋아하는 예능이나 드라마 시청을 적극 활용해 하기 싫지만 해야만 하는 공부나 일을 조합해 묶었고, 이것을 나만의 루틴 매뉴얼로 만들었다. 이다음부터는 조건이 붙지 않는다. 묻지도 따지지도 않고 해야 하는 공부나 일이 있을 때는 가벼운 마음으로 동영상을 켜고 일단 책상에 앉았다. 가끔은 앉아서 일은 하나도 안 하고 신나게 보기만 하다가 다시 침대에 눕는 날도 있다. 그래도 엉덩이를 붙이고 의자에 앉는 게 제일 어려운 일이고, 그게 시작의 반이므로 이 방법은 내게 여전히 유효하다.

해야 하는 것 +
해야 하는 것의 조합

두 번째는 반드시 해야만 하는 것들의 조합이다. 마치 쓰레기를 내다 버릴 때 그것 때문에 나갔다 들어오는 것은 너무 귀찮으니 밖에 나갈 일이 있을 때 한꺼번에 모아서 싸들고 나가는 것처럼 말이다. 어차피 해야만 하는 일에 또 해야만 하는 일을 묶어서 극한으로 치닫게 해, '큰일났다!' 하며 생존의 집중력을 활용하도록 만드는 것이다.

비행을 다녔을 때 나는 꼭 비행 가기 전날부터 스트레스를 받기 시작했다. 아직 비행이 시작되려면 24시간이나 남았는데도, 미리부터 스트레스를 받아 머리가 지끈거렸다. 집에 가서 짐도 싸야 하고, 유니폼도 챙겨야 하고, 비행 업무 준비도 해야 한다고 생각하면 쉬는 날인데도 하루 종일 이미 일하는 기분이 들어온 하루를 망치는 것 같았다. 그러면서도 막상 준비를 미리 하는 것도 아니었다. 어차피 비행은 내일이니까, 이거 했다가 저거 했다가 느릿느릿 돌아다니며 짐 싸는 데만 1시간씩 걸리고, 업무 준비도 설렁설렁 한참을 끌었다. 그리고 출근하는 공항버스 안에서는 가만히 앉아서 또 '아, 출근하기 싫다'는 생각만 한가득했다.

그래서 비행을 가기 전날에는 절대 비행 생각도 준비도 하지 않기로 했다. 짐을 싸고 유니폼을 준비하는 것도 비행 가는 날 조금 더 일찍 일어나서 하고, 출근하기 싫다는 생각만 가득해지는 공항 버스 안에서 모든 비행 업무를 준비하기로 했다. 어차피 해야 하는 일과 어차피 해야 하는 일의 조합이었다.

이렇게 비행과 관련된 모든 준비들을 출근하기 직전으로 몰아서 묶어놓으니, 정해진 시간 내에 짐도 빨리 싸야 했고 유니폼도 빨리 다려야 했다(신기하게 또 시간은 없는데, 해야될 건 다 되더라).
또 공항 버스가 공항에 도착하기 전까지 주어진 비행 업무 준비
도 끝마쳐야 했으니 빠르고 정확하게 집중력이 폭발했다. 덕분
에 비행 가기 전날까지 쓸데없이 비행 준비에 대한 스트레스를
받지 않아도 됐고, 또 덕분에 비행이 끝나고 쉬는 동안에도 잘
놀고 먹고 쉬는데 열중할 수 있었다.

'해야만 하는 것 + 해야만 하는 것'의 대표적인 조합은 '회사에
출근하면 일을 한다'는 조합이다. 출근하면 우리는 어차피 일을
해야 한다. 회사에 있는 시간 동안 잠을 잘 것도 아니고, 놀 수 있
는 것도 아니고, 아무리 할 일이 없다고 해도 회사에 있다는 사
실 자체만으로도 몸과 마음이 자유롭지 못하다. 그러니까 회사
에 있는 동안에 딴짓 말고 열심히 일만 하는 것이다. 대신 퇴근
하는 순간 일과 관련된 모든 것들은 자리에 그대로 내려놓고 나
와야 한다. 절대 남은 업무를 집으로 가져와서도 안 되고, 회사
일을 걱정해서도 안 된다. 진정한 워라밸은 일과 삶을 나누는 것
부터 시작이니까.

매뉴얼은 자기만의
것이어야 한다

이런 루틴 매뉴얼은 반드시 나의

생활을 바탕으로 직접 조합해 만들어야 한다. 아침에 일어나면 명상을 하라, 밤마다 일기를 써라, 메모장을 들고 다니면서 기록을 하라 어쩌고저쩌고 등 수많은 책이나 강연에서 뻔하고 당연하기도 한 이런 루틴들을 소개하곤 한다. 그러나 그건 모두 그들의 얘기다. 잠 많은 사람이 아침에 일어나서 어떻게 명상을 하랴, 늦잠이나 안 자면 다행이다. 또 나는 밤마다 일기를 쓰면 매일 후회하는 내용만 가득해서 좋아하지 않고, 요즘 같은 시대에 메모장을 들고 다니느니 그냥 동영상을 남기고 사진을 찍는 게 낫다고 생각한다.

동영상을 켜놓고 일을 하는 것도 나에게나 해당되는 것이지, 다른 누군가에게는 오히려 집중을 방해하는 것이 될 수도 있다. 또 나는 비행 전날부터 일하는 기분을 느끼기 싫어서 비행 가는 날에 모든 업무를 몰아넣어 놨지만, 그것 또한 내가 비행을 오래했고 그만큼 준비를 빠르고 정확하게 할 수 있었기 때문에 가능한 것이었다.

무엇이 되었든 자기만의 루틴 매뉴얼이 있다는 것은, 자기만의 경쟁력이 된다. 남이 뭐라든 나에게 편하고 나에게 효과가 있는 매뉴얼을 만들자. 이것이 곧 나의 습관이 될 것이다.

간단한 계획을
빠르게 실천하는 법

게으른 나의
완벽한 계획

　　　　　　　　나는 '게으른 완벽주의자'다. 그래
서 계획하는 데만 한참 걸리고 막상 실천에 옮기는 것은 몇 안
된다. 어쩌다 한 번 큰맘 먹고 시작하면 (당연히) 계획대로 굴러가
지 않는 일에 부딪혀 성질이 잔뜩 나고, 그럴 때마다 또 틀어진
계획을 수정하느라 일을 미뤄둔다. 그렇게 또 마음에 드는 완벽
한 계획을 세우고, 다시 시작할 타이밍을 재다가 정신 차리고 보
면 이미 님은 떠나갔고 나는 자아성찰에 빠진다.

　　나는 이 '게으른 완벽주의'를 벗어나기 위해 여러 가지 다양

한 시도를 했다. 아예 계획을 안 세우고 닥치는 대로 실천해보기도 했고, 혹은 계획이 틀어져도 그냥 마구잡이로 밀고 나가보기도 했다. 결과적으로는 다 망했다. 계획을 아예 안 세운다는 것은 이미 성격상 불가능한 일이었고, 틀어진 상황을 마구잡이로 밀고 나가다가 일을 다 망쳐버리곤 했다. 그렇게 여러 가지 시도 끝에 혼자만의 지침을 만들게 됐는데, 단순하지만 게으른 완벽주의자인 나에게는 도움이 된 이 방법을 소개하려 한다. 바로 '간단한 계획, 빠른 실천, 계속되는 수정, 다양한 시도'다.

1단계: 계획은
간단하게

계획은 무조건 크고 간단해야 한다. 왜냐하면 인생은 절대 계획대로 되지 않기 때문이다. 오히려 계획을 세세하고 정확하게 짤수록 지키기가 어렵고 더더욱 계획대로 되지 않으니까. 어느 방향으로 갈지 큰 틀만 잡는 것으로도 사전 계획은 충분하다고 볼 수 있다.

어렸을 때 나는 나의 20대에 이런 계획을 세웠다. 22세에는 차를 사고, 24세에는 집을 사고, 27세에 결혼을 해서, 30세에 아기를 낳아야지(심지어 어떤 차, 어떤 집을 어디에 살지, 어떤 사람을 만날지도 계획했다). 그런데 서른을 넘은 지금의 나는 차도 없고, 집도 없고, 결혼도 안 했다. 도대체 이게 뭔 쓸데없는 계획인지 모르겠다. 어린 나이에 꿈과 희망에 가득 찬 바람이기는 했겠지만, 그래도 차라리 '20대에 운전을 하고, 독립을 하고, 연애를 해야지'라고 했다면 다 이루었을 텐데 말이다. (아닌가?)

우리가 매일 다이어트에 실패하는 이유도 그렇다. 갑자기 엄청난 깨달음과 함께 다이어트를 해야겠다고 마음먹으면 일단 나도 모르게 열정에 넘쳐 불가능할 정도로 높은 목표를 잡게 된다. 그러고나서 식단은 어떻게 할지, 운동은 또 어떤 운동을 몇 시간해야 할지 온갖 검색을 하기 시작한다. 정보는 캐면 캘수록 많아지고 왠지 다 나에게 필요한 것만 같다. 어느새 다이어트 영양제를 구매하고, 닭가슴살을 구매하고, 운동용품을 구매하다가 '텅장'이 된다. 이제 식단에 운동에 영양제도 먹어야 하고, 운동용품도 일단 샀으니 써야만 한다. 점점 할 건 많아지고 계획은 지킬 수 없을 정도로 거대해지는데, 막상 시작하자니 실천할 자신이 없다. 괜히 내일은 빠지면 안 되는 약속이 있고, 오늘은 왠지 컨디션이 좋지 않다며 시작을 미루다가 겨우겨우 마음먹고 실천하기 시작해놓고도 얼마 못 가 또 실패하고 만다. 처음 사 본 닭가슴살은 영 맛도 없고 먹을 시간도 없어서 썩어가고, 운동용품은 지금 내 근력에 맞지 않는 것 같아 나중에 쓰기로 한다. 잔뜩 찾아놓은 운동 동영상은 저장만 열심히 해 놓아가지고는 다 따라하려면 세 시간이 족히 필요하고, 사실 내가 따라 할 수도 없는 수준의 운동들만 가득이다. 계획대로 지켜지는 게 하나도 없으니 이제 기분은 안 좋고, '에이! 안 해!' 하며 그냥 포기하게 된다.

여기서 실패의 요인은, 해보지도 않고 그냥 머릿속으로 내 생각으로만 계획을 세웠다는 것이다. 뭐든지 몸으로 부딪히고 직접 겪어봐야 나에게 맞는 각이 슬슬 나오는 법이다. 옷 한 벌을 살 때도 사이즈가 잘 맞는지, 나에게 잘 어울리는지 입어보고 사야 하듯이 말이다. 그래서 나는 직접 실천해보기 전에 세우는 모든 계획은 너무 복잡해지지 않도록 반드시 '한 줄 정리'를 하기로 했다. 또 정해진 틀이 없으면 자꾸 한 줄이 두 줄이 되고, 두 줄이 세 줄이 되어버리니까, 쉽게는 '육하원칙'을 절대 넘어가지 않도록 했다. '올 여름까지 건강을 위해 식단 조절과 운동을 통해 살을 몇 킬로그램을 빼겠다!'

2단계: 실천은
빠르게

간단한 계획이 세워지고 나면, 빠르게 실천으로 옮겨야 한다. 나는 항상 계획도 어차피 실천하기 위한 첫 단계라면서 오늘은 계획을 세웠으니 '내일부터 진짜 시작이다!'라고 외쳐댔지만, 사실 다음날이 되어도 시작하지 않았다. 비겁한 변명이었던 것이다. 일단 하루 자고 일어나면 어제와 같은 열정과 의지가 충분하지 않다. 계획은 다 세웠으니까 언제든 마음만 먹으면 시작할 수 있다며, 괜히 핑계를 대고 실천을 미루게 된다. 때문에 계획을 세웠다면, 당장 실행으로 옮기는 것이 중요하다. '내일부터'가 아닌, 계획이 다 세워진 그 순간 바로 무작정 실천하는 것이다. 시범운영과 같은 의미로.

하루에 몇 시간 동안 어떤 운동을 할지, 식단은 어떻게 꾸려야 할지, 어떤 운동용품이 필요하고, 건강 보조제가 필요한지는 당장 상관이 없다. 일단 밥을 먹으면서 평소에 내가 먹는 양과 식습관이 어떤지 알아야 나에게 맞는 식단을 짤 것이다. 또 무슨 운동이든, 나가서 걷든 뛰든 자전거를 타든 시작을 해봐야, 이 운동이 나에게 맞는지 아닌지 그리고 운동시간은 어느 정도가 적당한지 파악할 수 있을 것이다.

말로만, 이론으로만, 내 상상 속에서만 실천하는 계획이 아닌, 누가 봐도 눈에 보이는 가시적인 행동을 시도한다는 것이 중요하다. 앞서 말한 것처럼 행동은 또 다른 의욕을 불러오고 알아서 다음 행동을 위한 동기부여가 될 것이니까.

3단계: 수정은
계속해서

무작정 실천을 하다 보면 슬슬 가

172

닥이 잡히면서, 역시 내 예상대로, 계획대로 흘러가지는 않는다는 것을 깨닫는다. 이때 계획을 조금씩 수정하면서 나에게 맞는 방향을 만들어나가면 된다. 남들에게는 살 빼는데 제일이라던 달리기랑 자전거를 해보니, 무릎이 약한 나에게는 최악이라는 것을 알게 된다. 그러면 무릎에 무리가 가지 않는 수영을 해보기로 수정한다. 또 내가 평소에 먹는 양이 있는데 갑자기 남들이 다 한다던 간헐적 단식을 해버리니 눈앞이 핑 돌고, 순간 정신을 잃고 야밤에 폭식하는 나 자신을 발견하게 된다. 간헐적 단식보다는 삼시 세끼를 잘 챙겨 먹되, 먹는 양을 조금씩 줄이고 부족한 영양소를 많이 섭취하기로 수정한다.

우리는 어차피 평생을 그 순간과 상황에 맞춰 이랬다가 저랬다가 하며 산다. 그러니 계획이 계획대로 되지 않고, 자꾸 바뀌는 것은 당연하기도 하다. 다만 주의할 것은, 적당히 나름의 노력은 해보고 계획을 변경할 필요가 있다는 것이다. 고작 자전거를 하루 타보고 '너무 아파서 이건 아닌 것 같은데' 하며 쉽게 포기하면 안 된다. 그건 그냥 우리가 평소에 워낙에 운동을 안 해서 온 근육통일 뿐이다. 고작 하루 간헐적 단식을 하고 '너무 배고파서 이건 아닌 것 같은데' 하며 쉽게 포기해도 안 된다. 그건 그냥 오늘부터 다이어트를 한다며 오버해서 새 모이만큼 조금 먹은 내 탓일 수 있다. 적어도 포기가 아닌 '안 맞아서'라고 핑계를 대려면, 양심상 할 만큼은 해봐야 한다는 것이다.

4단계: 시도는 다양하게

　　　　　　　　　수정하는 과정에서 시도는 다양하게 해야 한다. 사람마다 성격이나 가치관이 다 다른 것처럼, 목표를 이뤄나가는 과정이나 방법도 개인마다 모두 다르다. 대부분의 사람에게 다 맞는 방법이라 할지라도 나에게는 안 맞을 수 있고, 다들 별로라고 하는 방식이 나에게는 딱 맞춤일 수도 있다. 내가 직접 시도해보고 겪어봐야만 알 수 있다.

　자전거도 타보고, 수영도 해보고, 필라테스도 해보고, 복싱도 해보고, 온갖 다 해봐야 나에게 맞는 것을 찾을 수 있고, 또 수많은 시도 중에 나에게 잘 맞는 것 딱 하나만 찾아도 사실 다행이다.

　내가 정리한 이 지침은 어느 목표나 계획에나 적용 가능하다. 이 방법대로 하면 맨날 계획만 세우고 결국 해내는 건 없는 사람들에게 분명 도움이 될 것이다.

계획은 간단하게	올여름까지 식단 조절을 통해 살을 5킬로그램 빼겠다!
실천은 빠르게	다이어트할 때 간헐적 단식을 많이들 한다던데 나도 당장 오늘 저녁부터 간헐적 단식을 해야겠다!
수정은 계속해서	간헐적 단식을 하니 너무 어지럽고 쓰러질 것 같다. 삼시 세끼 먹는 대신에 양을 조금씩 줄이고 부족한 영양소를 섭취하자.
시도는 다양하게	현미밥을 먹어볼까? 건강 보조제를 먹어볼까? 단백질 셰이크를 먹어볼까?

일주일에 하루는
비워둬라

'시간 통장'을
만들자

　　　　　가끔 나는 열정에 넘치면 24시간
을 꼭꼭 채워 계획을 세우곤 한다. 이루지도 못할 거면서 뜬금없
이 새벽 6시에 일어나야겠다 계획하기도 하고, 아침에 일어나
면 산책을 나가야지, 책 한 권을 한 번에 다 읽어야지, 딴 데 정
신 팔지 말고 하루 종일 바쁘게 살다가 12시쯤 자야지 하면서
말이다.

　하지만 알다시피 이런 계획은 온전히 이루어지는 법이 없다.
내가 그만큼 열심히 하지도 않을뿐더러, 절대 내 생각대로 되지

도 않는다. 갑자기 급한 일정이 생길 수도 있고 혹은 그냥 하기 싫어서 안 할 때도 있다. 그런데 그걸 알면서도 그래도 계획을 세웠다는 사실에 위안을 삼고 싶은 건지, 그렇게 열심히도 타이트하게 계획을 세우곤 했다.

특히 승무원이었을 때 나는 한국에서 쉬는 날을 절대 허투루 보내고 싶지 않았다. 한국에서 보내는 한 달에 8일이라는 시간이 친구를 만나 놀기에도, 개인적인 용무를 보기에도 그냥 너무 소중하고 짧았기 때문에, 알차게 보내야만 했다. 그래서 비행에 나가 호텔방에 혼자 들어앉아 있는 동안, 한국에 가면 해야 할 것들을 정리하고 8일짜리 시간계획표를 미리 짜곤 했다. 병원 1시간, 운동 1시간, 학원 1시간. 은행도 가야 하고, 도서관도 가야 하고, 친구도 만나야 한다. (지금 생각하니 정말 갑갑하다) 의욕에 넘쳐 한국에서 쉬는 이틀 동안의 시간계획표를 꽉꽉 채워 놓았지만, 지켜진 적은 너무나도 당연히 단 한 번도 없었다.

일단 막상 집에 오면 너무 아늑하고 좋으니까 놀고 먹고 자기 바빴다. 시차도 엉망이고 너무 피곤한 탓에 좀만 늦잠을 자거나 여유를 부리면 이미 계획했던 일정 한두 개는 지나쳐버린 후였다. 계획표는 또 어찌나 빡빡하게 짜놨는지, 첫 일정을 하나 놓치고 나면 뒤의 일정을 따라잡기도 벅차서 오히려 '망했다'라는 생각과 함께 다 포기해버리고 그냥 하루를 통째로 날려보내기도 했다. 차라리 이딴 계획들을 세우지 않았다면, 맘 편히 늦잠 자고 여유롭고 신나게 놀기라도 했을 텐데 말이다.

그런데 생각해보니, 나는 오히려 비행 스케줄이 갑자기 바뀌는 바람에 예상치 못하게 생기는 휴일들을 더 잘 활용한다는 것을 깨달았다. 계획에 없었는데 느닷없이 생긴 황금 같은 휴일 말이다. 그 휴일 하루 동안 나는 시간에 쫓기지 않으면서 그동안 날려버렸던 일정들을 따라잡고, 우선순위에서 밀려났던 것들을 챙길 수도 있고, 친구들과 급만남도 가질 수 있었다. 오히려 계획이 쓸데없이 가득 찼던 때보다 더 많은 것을 더 효율적으로 할 수 있었던 것이다. 심지어 치밀한 계획들에 압박도 받지 않으면서 말이다.

그래서 생각해낸 방법이 갑자기 스케줄이 바뀌어 휴일 하루가 생기는 것처럼, 시간을 채우는 대신 통으로 비우는 것이었다. 마치 일주일이 6일인 것처럼, 마치 시간 통장처럼 말이다. 그러자 활용할 수 있는 시간은 의외로 많아졌다. 계산상으로는 분명 하루가 줄어들었지만, 오히려 활용해낸 시간은 훨씬 많아졌다.

텅텅 비워야
알맞게 채워진다

시간 비상금은 일주일에 하루를 깔끔하게 비워두는 것으로 시작한다. 비워둔다는 것은 아예 아무엇도 없는 상태를 말한다. 친구를 만나 놀거나, 침대에 누워 영화를 보거나, 낮잠을 자는 등과 같은 계획도 아예 없어야 한다. 쉬거나 놀거나 자는 것은 어차피 일하는 것도 아니고 내가 좋아하는 것이고 하고 싶은 것이니 그 정도는 생각해두어도 되지 않나 싶지만, 그렇지 않다. 정말 아무것도 없이 텅텅 비어 있는 시간이 있어야 우리는 그 시간을 순간에 맞춰 효율적으로 활용할 수 있다.

먼저 비어 있는 시간이 있다는 자체로도 일단 마음에 여유가 생길 것이다. 어떤 일이 갑자기 닥쳐도, 그래서 지금 당장 하던 일을 취소해야 하는 상황이 생겨도 당황하지 않고 급한 일을 먼저 처리할 수 있다. 이 비어 있는 시간으로 놓쳐버린 일정들을 잠시 미뤄두면 되니까 말이다.

또 비워둔 하루가 있다면, 늦잠을 자거나 게으름을 피우느라 아침에 계획했던 일정을 하나 놓쳐버렸다고 해도, 당황하지 않고 그다음 일정부터 따라잡을 수 있는 여유를 준다. 비워둔 하루로 놓쳐버린 일정을 가뿐히 미뤄두면 되니까 말이다. 만약 미뤄놓을 여유가 없이 급하게 이미 놓친 일정부터 다시 차례대로 한다고 하면, 뒤에 있었던 일정들도 계속 한두 시간씩 밀리게 된다. 생각만 해도 조급하고 스트레스다. 결국에는 계속 다음 일정에 대한 압박을 받으면서 뭐 하나도 제대로 차분하게 완수하지 못한 채 하루가 끝나 버릴 수도 있다. 혹은 예전의 나처럼 뒤죽

박죽이 되어버린 꼬인 일정에 세워놓은 계획들을 모두 포기해버릴지도 모른다.

일주일 중 하루의 여유는 매일 열심히 달려온 나에게 또 다른 주말 같은 시간이 된다. 물론 하루도 뺄 수 없을 정도로 우리에게는 현실적인 여유가 없다는 것도 이해하지만, 그럼에도 불구하고 비워놓은 하루는 오히려 효율을 높여주고 템포를 조절할 수 있게 해준다.

시간을
의식하지 마라

나는 비행 출근 전에 꼭 시간을 재곤 했다. '지금부터 30분 뒤에는 벌떡 일어나서 출근 준비를 해야 하니 나에게 자유시간은 30분이 남았구나' 하면서 말이다. 또 비행 전날 잠을 잘 때도 늘 시간을 의식하곤 했다. 특히 새벽 일찍 일어나야 할 때일수록 그리고 장거리 비행일수록 '지금부터 자면 5시간 잘 수 있네' 하면서 잠이 안 올 때마다 몇 시간이 남았는지 매시간 체크를 하곤 했다. 그런데 이렇게 자꾸 확인하면 확인할수록 시간이 어찌나 느리게 흘러가는지 1분 1초가 흘러가는 게 온몸으로 체감되는 것만 같았다. 눈 뜨면 또 '4시간 남았네', '3시간 남았네', '2시간 남았네' 이 수준이었다.

시간은 사실 모두에게 똑같이 주어지고 똑같이 흘러간다. 그런데 같은 시간이 흘러도 상황에 따라 빨리 가는 것처럼, 느리게 가는 것처럼 느껴진다. 마치 놀고 먹으면서 게임할 때는 몇 판 안 한 것 같은데 벌써 3시간이 흘렀고, 출근한 지 백만 년이 된 것 같은데 아직 점심시간도 오지 않은 오전 11시인 것처럼 말이다.

또 시간은 모두에게 공평하게 똑같이 흐르는데도 '시간에 쫓긴다'는 말이 있다는 것은, 결국 시간도 주관적인 느낌에 따라 흘러갈 수 있다는 것을 의미한다고 생각한다. 모두에게 똑같은 24시간이 모두에게 똑같은 24시간이 아닐 수도 있는 것이다.

그러니 시간에 쫓기지 않는 방법은 단 하나. 시간을 의식하지 않는 것이다. 시간을 한번 느끼고 의식하기 시작하면, 시간의 흐름에서 헤어날 수가 없고, 계속해서 시간에 쫓길 수밖에 없기 때문이다. 만약 디데이를 세거나 남은 시간을 계산하면서 5분에 한 번씩 시간을 확인하고 있다면, 우리는 이미 시간에 쫓기고 있다는 것을 의미한다. 나 또한 밤마다 시간을 확인하고 '지금 자면 5시간 잘 수 있네'를 의식하면서 자느라 매 시각 깨서 시계를 확인하면서 선잠을 자고 나면, 다음 날에는 '어제 5시간밖에 못 자서 피곤하네. 더 일찍 잤어야 했는데. 더 많이 잤어야 했는데'라고 또 의식하면서 열 배 더 피곤하게 느껴진다. 하지만 몇 시에 잤는지, 몇 시간을 잤는지 자체를 의식하지 못하고 일어나야 할 시각에 알람만 맞추고 할 일 하다가 스르르 잠들었다면 때맞춰 잘 자고 때맞춰 잘 깼다고 느꼈을 것이다. 설령 진짜로 잔 시간은 더 부족할지라도 말이다.

시간에 쫓기지 않아야 여유로워질 수 있는 게 아니라 내가 여유롭게 해야 시간에 쫓기지 않을 수 있다. 시간에 쫓기지 않고 시간을 끌고 가고 싶다면 내가 시간이 흘러가는 것을 좀 덜 의식하고 여유로운 태도를 가져야 한다. 하지만 이렇게 하는 것은 말만 그럴듯해 보일 뿐 실천하기는 어려운 일이니, 차라리 의도적으로라도 시간에 쫓기지 않도록 시간을 비워두자. 비우는 데서부터 채우는 일이 시작될 것이다.

백수일 때는
놀아라

서른에
백수가 되었다

　　　　　나는 지금 백수다. 20살에 취업해
한 직장에서 10년을 일했고, 지금 처음으로 백수의 삶을 살고 있
다. 너무 행복하다. 누군가 직업을 묻거나 직업을 써야 하는 경
우가 생기면, 나는 당당하게 '백수'라고 스스로를 소개하는데, 그
럴 때마다 좀 재밌기도 하다. 또 한량한 백수답게 아침 늦게까지
늦잠을 자고도 또 낮잠을 잔다. 하루 종일 집 밖에 안 나가기도
하고, 아침부터 낮술을 마시기도 한다. 카페에 앉아 사람들을 구
경하고, 밤늦게 또는 새벽에 산책을 나가기도 한다. 직장인이 하

기 어려운 것들을 할 때마다 백수만의 희열이 느껴진다. 그런데 이상하게도 나는 너무 행복한데 오히려 주변에서는 10년만에 처음으로 백수가 된 나를 걱정하다 못해 불안해한다.

서른 살이 되어, 경력도 많이 쌓인 안정된 대기업을 뛰쳐나오는 것은 내게도 정말 어려운 일이었다. 나와서 뭘 할지, 뭘 하고 싶은지, 뭘 잘할 수 있을지 아무것도 정해진 것 없이 회사를 나왔기 때문이다. 원래 내 의도는 이렇게 무작정 퇴사하는 것은 아니었다. 누구나 그렇듯 나 역시 앞으로 내가 뭘 할지 다 정해놓은 상태에서 당당하게 나오고 자연스럽게 환승하고 싶었지만, 어쨌든 결과적으로 그렇게 준비하지 못했으니, 퇴사를 향한 나만의 기준이 정확하게 필요했다. 그래서 나는 혼자만의 기준이 되는 데드라인을 정했다. 그때까지 정말 열심히 다른 일을 찾아보고 고민하고 스스로에게 계속해서 질문을 던져보기로. 그런데도 데드라인이 되는 날 내 마음이 변함없다면 그땐 그냥 뒤도 보지 않고 퇴사를 저지르기로 말이다. 그렇게 약속한 데드라인이 서른 살이었다. 서른 살 정도면 늦어 보이기도 하지만 뭐든지 할 수 있는 빠른 나이이기도 하고, 현실적이면서 이상적일 수 있는 그 중간 어디쯤이라고 생각했다. 그리고 그렇게 나는 서른 살에 백수가 되었다.

그런데 아니나 다를까, 드디어 회사를 관두고 나왔는데도, 영 불안하고 걱정이 됐다. 괜히 그동안 쌓아왔던 것들마저 다 놓쳐버릴까 봐 너무 무서웠다. 그래서 처음에는 영어학원도 다니고, 운동도 끊고, 도서관을 가고 쉴 틈 없이 이것저것 해댔다. 딱히 나에게 당장 필요한 것들도 아니었고, 그렇다고 너무 재밌고 신나서 하는 것들도 아니었지만 뭐라도 하고 있다는 사실만으로도 죄책감은 덜했다. 나름 알차게 백수 생활을 하고 있다고 혼자 위로하기 위해 그렇게 바쁘려고 노력했던 것 같다.

그런데도 마음 한편은 여전히 답답하고 짜증이 났다. 이걸 왜 하고 있는 건지, 뭘 위해서 하고 있는 건지, 지금 이러고 있는 게 맞는 건지, 그렇게 바라던 자유로운 백수가 됐는데도 왜 즐기지 못하고 이러고 있는지.

데드라인은 쉴 때도, 놀 때도 있는 것

내가 20대 중반일 때까지도 주변에는 아직 학생이거나, 취직을 안 했거나, 이직을 하려다가 백수가 된 친구들이 많았다. 그 친구들이 "빨리 취직해야 되는데, 어떡하냐"고 나에게 고민을 털어놓을 때마다 항상 내가 하던 말이 있다.

"정신머리 박혀 있는 사람이라면 절대 거리에 나앉아 거지가 되지는 않을 거야. 앞으로도 50년은 더 매일매일 일을 하고 돈을 벌면서 살아야 되는데, 지금 아깝고 소중한 1년 더 놀면 어때? 너무 조급하게 생각하지 마. 막상 일 시작하고 나면 더 놀지 못해서 아쉬울 거야."

말은 번지르르 그래 놓고 나와서 보니까, 웬걸 나도 '빨리 뭐라도 해야 하는데, 어떡하냐'고 고민하고 있는 것이 아닌가. 이게 뭔 언행불일치인가 모르겠으면서 당시 위로가 안 됐을 친구들에게도 잠시 미안한 마음이 들었다. 한참을 고민고민하다 '이왕 어렵게 던지고 나온 거, 그냥 제대로 쉬고 제대로 놀아야 되겠다. 그것이 안정된 직장을 때려치우고 나온 자의 특권이자 후회하지 않을 수 있는 가장 좋은 방법이겠다'는 생각이 들었다. 이 자유의 시간은 다시는 오지 않을 너무 소중한 시간이고, 오늘이 내 남은 날 중 가장 젊은 날이고, 또 앞으로 이렇게 백수일 기회가 있을지는 아무도 모를 일이다. 대신 말 그대로 미련이 남거나 후회가 없도록 정말 열심히 놀고 즐기기로 했다.

그렇다고 대책 없이 언제까지고 마냥 신나게 놀기만 하면, 그건 정말 답도 없다. 끝도 없이 더 놀고 싶을 테고, 일은 당연히 더 하기 싫을 테고, 이 자유가 너무 익숙하고 편해져서 움직일 수가 없어져버리면 안 되니까 말이다. 그래서 내가 회사를 뛰쳐나오기로 결정할 때 했던 것처럼 나름의 데드라인을 정하기로 했다. 그 데드라인까지는 불안해하지도 말고 걱정을 하지도 말고 진짜 내일이 없는 사람마냥 놀아대는 것이다. 대신 그 데드라인이 끝나는 날 정말 묵묵히 그리고 칼같이 온 집중력을 끌어올려 다시 달리리라.

잘 놀 줄 아는
사람이 일도 잘한다

주변을 둘러보면 변하지 않는 진리가 있다. 잘 노는 애들이 일도 잘한다는 것. 또 얄밉게도, 잘 노는 애들이 꼭 연애도 잘하고 결혼도 잘한다. 심지어는 잘 노는 애들이 인생에 어떤 굴곡이 와도 (어렸을 때부터 경험이 다양해서 그런지) 유연하게 넘기고 행복하게 즐기면서 잘도 산다. 아마 그만큼 신나게 놀았으니 더 이상 미련이 없고, 그만큼 노는 것에 집중할 줄 안다는 것은 다른 것에도 집중할 수 있다는 걸 뜻하기 때문일 것이다.

운동을 하는 데도 무작정 열심히 운동하는 것보다 더 중요한 것은 중간중간 적절하게 휴식을 취해주는 것이다. 근육도 손상이 됐으면 며칠 정도 휴식을 취해야 더 강한 근육으로 회복되는 법이다. 또 병원에 가면 모든 의사들이 공통적으로 말하기를, 아픈 게 나으려면 스트레스 안 받고 잘 쉬고 잘 먹어야 한다고 얘기한다. 밤에는 충분히 잘 자야 낮에 힘내서 돌아다닐 수 있고, 반대로 평일에 열심히 일한 사람이야말로 주말을 푹 쉴 자격이 있는 것처럼 말이다.

백수라서
행복하다

백수가 되고 첫 몇 달 동안은 개인
적으로 마음이 싱숭생숭 왔다 갔다 하는 롤러코스터 같은 날들
이었다. 처음에는 회사를 관두고 나니까 마냥 웃기고 좋았다가,
갑자기 불안과 걱정에 휩싸여 우울해했다가, 또 어느새 파이팅
이 생겨서 할 수 있다고 자신했다가도 갑자기 자신이 없고 나는
뭐 하는 사람인지 자존감이 바닥을 쳤다.

그런데 따지고 보면 나에게는 회사를 관두는 것도 백수가 된
것도 난생처음이다. 누가 처음 겪는 일에 그렇게 자연스럽게 바
로 적응하고 잘 지내랴. 인생 2회 차도 아니고. 새로 시작해야
될 제2의 인생이 걱정되고 불안한 것도 당연하며, 적응할 시간
이 필요한 것도 맞다. 오히려 그 롤러코스터가 올라갈 때도 내려
갈 때도 나는 최선을 다해 느꼈으니까, 덕분에 지금은 또 최선을
다해 백수를 즐길 수 있는 것이라고 생각한다. 게다가 10년이나
일하다가 처음 맞는 자유인데, 솔직히 행복하지 않을 이유가 하
나도 없다. 어쨌든 누군가 나에게 뭐 하는 사람이냐고 물었을 때
'그냥 백수'가 아닌 '행복한 백수'라고 내 입으로 말할 수 있다는

것은 그만큼 나름 백수 생활을 후회 없이 행복하게 잘 즐기고 있기 때문이 아닐까?

　가끔은 다가오는 데드라인이 두렵기도 하다. 벌써부터 시간도 아깝다. 그런데 반대로는 설레고 기대가 되기도 한다. 데드라인이 다가왔을 때 정말 담담하게 그리고 칼같이 튀어 오르기 위해서 지금은 더 열심히 쉬고 놀 것이다. 이렇게 에너지를 비축하는 것이 나에게는 다음을 위한 준비 과정이니까 말이다.

준비는 짧고 굵게
그리고 한 방에

나는 전략적으로
승부한다

　　　　　　누군가 내게 "짧고 굵은 인생을 살래? 아니면 길고 얇은 인생을 살래? 혹은 로또 당첨돼서 한 방에 돈 받을래? 아니면 연금복권 당첨돼서 몇 년 동안 나눠 받을래?" 묻는다면 나는 무조건 전자인, 짧고 굵은 인생을 살 것이며 한 방을 선택하련다.

　사람들은 생각보다 의지나 끈기가 강하지 않다. 분명 어제까지는 다이어트를 한다고 나름 운동도 하고 닭가슴살을 정성스레 삶아 먹고는 오늘은 텔레비전에 나오는 먹방에 바로 무너져 치킨을 시켜 먹는다. 분명 방금까지는 미친 듯이 화가 나서 '내가 널 반드시 이기겠다'고 주먹을 불끈 쥐고 다짐하지만, 하루 푹 자고 아침에 일어나면 또 금세 까먹어버리고 친구 만나 히히덕거리며 잘만 논다. 연인이랑 헤어져 울고 불고 죽네 마네 하는 것도 잠깐이지 '밥만 잘 먹더라'. 나이가 들수록 더 그렇다. 인생 사는 데 점점 적응이 돼서 웬만한 일로는 타격을 받지 않고 면역력이 생겨서 그런 것 같다.

아무리 의지나 끈기가 충만하다고 해도, 내 의지와 끈기만으로는 세상을 바꿀 수도 없다. 따라가기에만도 벅찰 만큼 세상은 빠르게 변화하고 있고 예상치 못한 사건 사고들이 판을 치니, 아무리 내가 얇고 길게 살려고 해도 세상이 받쳐주지 않는다. 굵은 건 얇게, 얇은 건 더 얇게 만들어버리는 세상이다.

게다가 사람은 생각보다 약아서 필요한 만큼만 적당히 노력하고 눈치 살살 봐가면서 운과 가능성에 기대어 산다. 만약 성공하고 인생을 역전할 수 있는 기회가 평생에 내일 딱 한 번밖에 없다고 하면, 우리는 잠이고 밥이고 만사를 제처두고 내일 그 한 번의 기회를 위해 오늘 하루를 올인할 것이다. 그런데 어차피 앞으로도 몇십 년은 더 살 테고, 살다 보면 언젠가 볕 들 날 오겠지, 좋은 기회가 생기겠지 하면서 눈에 보이지 않는 가능성에 기대서 적당히 열심히 그리고 적당히 대충 살게 되는 것이다.

우리가 몇 년을 준비하는 자격증 시험 같은 것들도 그렇다.

시험이 10년에 한 번씩밖에 없다고 하면 정말 죽어라 하고 매달려 한 번의 기회를 잡으려고 할 텐데, 하필 몇 달 뒤에 기회가 또 있고 매년 기회가 또 있으니, 자꾸 다음이라는 핑계를 두고 더 열심히 할 수 있으면서도 적당히 살살 하는 것이다. 아마 기회가 세 번이라고 하면 두 번을 날리다가 막판에서야 열심히 하고, 기회가 열 번이라고 하면 아홉 번을 날리다가 막판에야 열심히 할 것이다. 그래 놓고 나는 열심히 했는데 왜 안 되냐고 하겠지? 사람은 은근 약아빠졌다.

솔직히 말하면 나 또한 그렇다. 그래서 나는 뭐든지 짧고 굵게 한 방에 하는 것을 항상 목표로 한다. 대신 짧고 굵게 했는데 안 되면 금방 잘 포기하기도 하는데, 그 기준은 내가 얼마나 짧고 얼마나 굵게 노력했느냐에 따라서 포기의 의미가 달라진다. 이때는 단순히 실패할까 봐 도망치는 것이 아니라 정당한 전략 변경이 되기 때문이다. 오래 매달릴 것이 아니라고 생각되면, 빨리 엎어버리자는 것도 내 전략 중 하나인데, 그래야 시간 쓰고 노력 쓰고 덜 억울하기라도 할 테니까 말이다.

생각난 김에 바로 만든
승무원 로드맵

COVID-19로 항공업계가 많이

어려워졌다. 내가 여전히 회사에 근무하고 있었다면 승무원들의 입장만 염두에 두었을 텐데, 아무래도 백수가 되고 강의를 하다 보니 승무원이 되려고 준비하던 지망생들의 생각이 더 났다. 승무원을 목표로 준비해오던 친구들 가운데 대다수는 아마 승무원 준비를 포기했을 것이다. 신규 채용이 없어진 것은 물론이고 기존 승무원들도 감원을 한다는 이야기가 심심찮게 나왔기 때문이다.

그러나 이 와중에도 여전히 승무원의 꿈을 포기하지 않는 친구들도 있을 텐데, 그 친구들은 어떻게 하고 있나 궁금했다. 희망을 놓아버리기보다는 혼자서라도 뭔가 차근차근 준비를 하면서 채용이 열리는 순간을 기다려야 할 텐데 말이다. 순간 그들을 위해 혼자서도 승무원 취업을 준비할 수 있도록 그들이 보기 쉬운 로드맵 교재를 하나 만들어야겠다는 생각이 들었다. (사실 틈새 시장을 노려야겠다고 생각했다) 상황이 상황인지라 학원이나 과외, 스터디를 가지 않아도 집에서 혼자서도 할 수 있게 말이다. 백수인 나에게도 뭔가 할 일이 떨어진 것이다. 갑자기 아이디어가 마구 샘솟았고, 이 아이디어가 사라지거나 부정 타기 전에 당장 어서 빨리 일주일 안에 짧고 굵게 만들어야겠다고 마음먹었다. 생각난 김에 빠르게 해야지 질질 끌어봤자 타이밍을 놓칠 수도 있고, 내가 흥미를 잃어서 '이건 해봤자 안 되겠다, 별로다'라는 이유로 포기해서는 안 되니까 말이다.

바로 노트북을 켜고 생각나는 모든 것들을 쏟아냈다. 전체적인 틀이나 목차 따위의 디테일과는 상관없이 그냥 생각나는 대로 빠르게 타자를 쳐냈다. 한 자리에 앉아서 8시간을 넘게 로드맵을 만들었고, 있어야 할 자료의 80퍼센트는 이때 거의 다 완성했다고 해도 과언이 아닐 정도로 꽉 찬 내용을 담았다. 이후 4일 동안 밤을 새우며 디테일을 정리하는 데 몰두했고, 드디어 부록을 포함한 전자책이 완성됐다. 시간은 일주일도 채 걸리지 않았다.

그러나 결과적으로 지금은 전략을 변경해 전자책 유통을 잠시 미뤄둔 상태다. 현재 생각보다 코로나 사태가 더 심각해졌고, 또 더 오래 지속되는 터라 론칭 시기를 숙고하고 아직 출간을 유보하고 있다. 대신 최근 이슈에 맞는 다른 일에 또 매진하는 중이다. 승무원 로드맵은 짧고 굵게 노력해서 완성본을 최단기간에 만들기는 했지만, 어쨌든 전략을 변경했고 아직 유통을 못하고 있어 아쉬운 것은 사실이다.

그러나 짧고 굵게 노력했기에, 덕분에 후회는 없다. 만약 마음만 먹고 흐지부지 질질 끌었다면 완성하기는 어려웠을 것이고, 처음 떠올랐던 아이디어들도 제대로 구현되지 못했을 것이다. 또 혹시나 앞으로 유통되지 못하더라도 딱 일주일 매달렸으니까 덜 억울하지 않을까 한다.

실전은
기세다

우리는 1분밖에 안 되는 짧은 시간이지만 그 짧은 스릴을 느끼기 위해 1시간이고 2시간이고 줄을 서서 기다려 롤러코스터를 탄다. 그 1분의 한 방이 엄청 스릴 넘치기 때문에 몇 시간을 기다려도 아깝지 않고 오히려 그만큼 기다렸기 때문에 더 재밌다.

잠을 잘 때도 마찬가지로 짧고 굵은 게 좋다. 잠을 한 번 자도 온갖 수만 가지 꿈을 꾸고 바깥에 시끄러운 소리를 다 들으면서 렘수면으로 12시간 자는 것보다, 진짜 세상 업어가도 모를 정도로 깊은 잠에 빠져 5시간을 자는 것이 훨씬 낫다.

같은 이유로 나는 연금보다 로또를 받는 게 차라리 낫다고 생각한다. 몇 년 후에 그 돈의 가치가 어느 정도일지 예상도 안 되고, 솔직히 그때까지 잘 살아 있으리란 법도 없으니 말이다. 당장 당첨금을 전부 받아서 그걸로 집을 사든지, 투자를 하든지, 더 크고 빠르게 굴리든가 그냥 지금 먹고 싶은 것 먹고, 갖고 싶은 것 사고 행복하게 즐기는 게 낫다고 생각하는 것이다.

영화 〈기생충〉에는 이런 대사가 나온다.

"시험이라는 게 뭐야? 앞으로 치고 나가는 거야. 그 흐름을, 그 리듬을 놓치면 완전 꽝이야. 24번 정답? 관심 없어. 나는 오로지 다혜가 이 시험 전체를 어떻게 치고 나가는가, 어떻게 장악

하는가 거기에만 관심 있다. 실전은 기세야 기세."

　그동안 질질 끌면서 이루지도 못하고 그렇다고 버리지도 못한 것이 있다면, 지금 당장 시작해서 짧고 굵게 일주일 안에 끝내 보도록 하라. 그동안 매일 실패해왔던 다이어트든 시험 공부든 어떤 프로젝트든 목표를 이루지 못하더라도 괜찮다. 그냥 일주일 동안은 무조건 그것에만 짧고 굵게 매달려서 찾아오는 기회에 한 방을 노리는 것이다. 설령 한 방을 잡지는 못하더라도 그것이 우리의 인생을 앞으로 치고 나가게 해주는 '기세'가 될 것이다. 인생은 실전이니까.

생존 일기를
써라

투덜 일기 대신
동영상 일기를

매년 새해마다 다짐하는 것들 5번 쯤에 항상 등장하는 것이 '일기 쓰기'다. 나 또한 새해마다 올해는 꼭 일기를 써야겠다고 다짐하면서 노트를 사고 예쁘게 꾸며댄다. 첫날에는 예쁜 글씨로 정성스레 빼곡하게 일기를 쓰지만 한 3, 4일 지나고 나면 글씨가 개발새발 변하기 시작하다가 일기장은 점점 책상 구석으로 밀려난다. 그런데 항상 성공한 사람들은 일기를 쓰라고 조언하고, 건너건너 누군가는 몇 년째 일기를 써오고 있다고 하며, 나 역시도 스스로 내 기록을 매일 남기고 싶다는 욕망이 있다.

그렇다고 나는 밤에 일기를 쓰는 것을 선호하지 않는다. 힘든 하루를 보내고 일기를 쓰려고 하면 일단 그냥 다 귀찮다. 씻고 침대에 누워 놀다 자기도 바쁜데 또 자리 잡고 책상에 앉아서 노트를 꺼내고 볼펜을 꺼내 들어야 한다니 너무너무 귀찮고, 괜히 공부하는 기분마저 든다. 또 하루종일 학교에서 회사에서 시달리다가 자기 전에 일기를 쓰려고 하면, 좋은 얘기가 나올 리가 없다. '오늘 회사에서 누구 때문에 얼마나 힘들었는지, 어떤 진상이 나를 괴롭혔는지, 날씨가 너무 더워서 얼마나 짜증이 났는지' 등등 투덜거리게만 된다.

그리고 일기는 아무래도 글을 쓰는 것이다 보니, 쓰다 보면 점점 쓸데없는 감성에 빠지면서 내용이 한없이 깊어진다. 그냥 말로 하면 가볍게 지나갈 수 있었던 일들도 괜히 글로 쓰면 큰일처럼 과장이 되는 것이다. 비 오는 날 지나가던 차에 흙탕물이 튀었다고 해도, 그 순간에는 너무 짜증이 나겠지만 또 금세 일상에 적응할 것이다. 그런데 집에 와서 괜히 일기를 쓰면서 되짚어 보면, '왜 나에게 하필 흙탕물이 튀었는지', '그래서 지각을 했고', '회사에서 옷을 빠느라 일이 늦어졌고'와 같이 나도 모르게 오늘 사건들을 연결 지어 기승전결을 만들어버린다. 그냥 가볍게 '아이, 재수 없어!' 하고 넘어갈 수도 있었는데 말이다.

그렇게 오늘 있었던 짜증 나는 일들을 잔뜩 쏟아내고 '그래도 좋은 하루였다' 합리화하다가 자려고 하면 에이, 영 찝찝하다. 자꾸만 또 곱씹게 되고 악몽을 꿀지도 모른다. 그래서 나는 밤에 글을 쓰는 짓은 하지 않기로 했다. 대신 시대에 발맞춰 동영상 일기를 쓰기로 했다. 우리는 평소에도 항상 핸드폰을 들고 있고, 집에 와서도 만날 컴퓨터를 하니까 말이다. 이보다 쉽고 빠른 방법은 없을 것이다.

〈마션〉의
주인공처럼

영화 〈마션〉의 주인공 마크 와트니는 사망한 것으로 판단한 동료들이 떠나고 화성에 홀로 남는다. 혼자 남겨진 그가 화성에서 한 일은 매일 동영상으로 생존 기록을 남기는 일이었다.

'1화성일째, 나는 살아남았다. …… 6화성일째, 나는 죽지 않았다 ……' 등으로 기록을 남긴다. 와트니는 이 기록이 지구에 전달되기를 바라지만 확신은 없다. 그래도 열심히 매일매일 기록을 남기는 한 그의 생존은 의미가 있다.

가만 생각해보면, 우리의 나날들도 화성에서 살아남는 와트니만큼이나 매일 예상할 수 없고 엄청난 일들 투성이인 것 같다. 오늘 하루 회사에서 사고 안 치고 집에 잘 돌아온 것도 사실 대단하고, 하루가 다르게 만났다가 헤어졌다가 하는 친구의 연애 스토리는 드라마 뺨치게 막장이다. 또 이런 혼란스러운 사회 속에서도 어쨌든 아침, 점심, 저녁 챙겨 먹고 살고 있는 것을 보면, 우리도 하루하루 무사히 생존해나가고 있는 게 아닌가 싶다. 그런 의미에서 우리도 동영상 일기를 남기는 것이다. 누구에게 보여줄 것도 아니지만, 변변찮은 기록이든, 사소한 사건의 기록이든 나의 하루를 기억하고 돌아보게 하는 것에 또 우리가 사는 의미가 들어 있다. 혹시 모른다. 언젠가 내가 죽고 이것들이 공개되면 역사에 남을지.

나를 향한
위로와 응원을

동영상 일기는 컴퓨터 혹은 핸드폰 화면 너머에 누군가에게 푸념하듯이 혹은 혼자 유튜브를 찍듯이 내 오늘 하루의 이야기를 쏟아내면 된다. 요즘은 재택근무가 늘면서 화상 회의도 많고 영상 통화도 흔한 일이다 보니 어색하진 않을 것이다. 어쨌든 화면 속에 보이는 내 얼굴을 보면서 이야기를 하면, 우리는 자기 자신을 좀 객관적으로 바라볼 수 있게 된다. 마치 내가 아닌 (나를 좀 닮은) 다른 사람을 대하는 것처럼 말이다. 그리고 실제로도 화면 속에 내 얼굴은 거울로 보든 셀카로 찍든 내가 자백하던 내 모습과는 달라서 진짜 남처럼 느껴질 수도 있다.

자기 스스로에게 괜찮다고 잘하고 있다고 힘내라고 말하는 것은 말이 쉽지, 생각보다 나 자신에게 와닿지도 않고 위로도 응원도 되지 않는다. 그래서 혼자서만 생각할 때는 과하게 자책하게 되고 끝도 없이 괴로워지기 쉬운데, 동영상 일기는 어쨌든 화면이라는 한 꺼풀 너머 이야기를 하기 때문에 이 어렵고 오글거리는 나 자신을 향한 위로와 응원도 꽤 가능해진다.

또 내 마음속에 묵혀 둔 감정들을 솔직하게 풀어낼 곳이 요즘에는 참 많지도 않고 어렵기도 하다. 부모님께 푸념하자니 혹시나 걱정하실까 봐, 친구에게 우울한 얘기를 푸념하자니 괜히 미안하기도 하고 그렇다고 직장 동료나 아무나 붙잡고 속 깊은 이야기를 할 수는 없다. 그런데 화면 속에는 비밀을 단단히 지켜주고, 나를 판단하지도 않고, 이래라저래라 하지도 않는 (나를 닮은) 누군가가 있으니, 나의 하루를 풀어놓기도 하고, 괜찮다고, 잘하고 있다고, 힘내라고도 해줄 수 있는 것이다.

어차피 일기라는 것이 누구에게 보여주거나 공개하는 것보다는 나 혼자 기록을 한다는 의미가 크니까 영상 일기를 쓸 때는 내 꼴이 어떤 상태인지 신경 쓸 필요도 없고, 어차피 우리는 항상 컴퓨터를 켜거나 핸드폰을 보고 있을 테니까, 순간순간 기록하고 싶을 때마다 아니면 자기 전에 가볍게 동영상을 켜서 기록을 남기는 것은 절대 어렵지 않다. 여기에 더해서 나의 경우에는, 파일명에 또 나름 의미를 담는다. 날짜는 일단 일기니까 기본이 될 것이고, 세 가지 정도의 키워드를 이용해 파일명만 봐도 그날이 조금은 떠오를 수 있게끔, 일기로 따지면 제목을 짓는 것이다. 오늘 내 동영상 일기의 제목은 '친구, 한강, 자전거'였다.

나를 기록하는 일은 기억을 저장하는 일

인터넷에서 매일매일 자신의 정면 사진을 찍어 동영상으로 엮어 만든 사람을 본 적이 있다. 그 사람의 얼굴이 어떻게 변화하는지, 표정은 어떻게 변해가는지 등을 보면서 이 또한 지나가는 내 모습을 기록하는 특별한 방법이라는 생각이 들었다. 또 우리 아파트 경비실 옆에 있는 전신거울에서, 출근길마다 항상 사진을 찍는 이웃이 있다. 자기의 패션 스타일이나 표정, 포즈 그리고 가끔은 친구나 남자친구와도 사진을 찍었다. 그런 것들도 나중에 돌려보면 날씨가 변해가고, 자신의 헤어스타일이 변해가고, 옆에 있던 남자친구가 바뀌어가고(?), 굉장히 좋은 추억이 되고 의미 있을 것 같다.

이렇게 일기를 쓰든, 동영상을 남기든, 사진을 찍든, 어쨌든 기록을 남긴다는 것은 정말 가치 있고 소중하다. 일주일만 지나도 내가 저번 주에 뭐를 했는지, 뭐를 먹었는지, 누구를 만났는지, 기분이 어땠는지 기억도 잘 안 나는데, 그럼 지금까지 살아온 내 인생도 잘 기억 못 한다는 것 아닌가.

'역사를 잊은 민족에게 미래는 없다'고 한다. 이것에 비유하면 좀 과한가 싶지만, 그래도 우리 개개인도 지나간 자신의 과거를 까먹어버린다면, 했던 실수를 또 하고 또 하면서 깨닫는 것도 배우는 것도 없을 것이고, 앞으로 나의 미래도 절대 달라지지 않을 것이다.

오늘 하루가 소중했든 아니든 행복했든 아니든 특별한 일이 있었든 없었든 간에 기록을 하자. 나를 기록하는 일은 곧 기억을 저장하는 일이 될 것이다.

필사를 하세요

　필사란 책을 베껴 쓰는 것을 의미합니다. 필사를 하기 위해서는 먼저 자리에 앉아야 하고, 책을 읽어야 하며, 문장을 외워서 옮겨 적어야 합니다. 이 과정에서 우리는 많은 것들을 얻을 수 있습니다.

　먼저, 필사를 하는 것은 우리의 엉덩이 힘과 집중력을 길러 줍니다. 전자기기 없이 말이죠. 필사는 돌아다니면서 할 수 있는 것도 아니고, 누워서 할 수 있는 것도 아닙니다. 가만히 엉덩이 붙이고 자리에 앉아서 해야만 하고, 한 문장, 한 문장을 옆으로 옮겨 적으려면 짧게라도 문장을 외워가면서 해야 합니다. 덕분에 점점 필사에 불이 붙으면 자연스레 암기력도 좋아질 것입니다. 게다가 책에는 정확한 분량이 있습니다. 한 페이지면 한 페이지, 한 장이면 한 장. 하루하루가 지나갈수록 내가 얼마큼 필사했는지가 페이지로서 눈에 확인이 되고, 점점 쌓이다 보면 어느새 책 한 권을 끝낼 수 있습니다. 시간 들여 한 만큼 자료가 차곡차곡 쌓여간다는 것은 나에게 확실한 성취감을 줍니다. 그리고 필사를 끝낸 책 한 권은 그 누구보다 그 어떤 책보다 내가 제일 잘 알고 이해하는 책이 되겠죠(대충 겉핥기로 읽는 책 10권보다, 제대로 이해하고 읽는 책 1권이 훨씬 낫습니다).

　게다가 요즘에는 책을 읽는 것보다 동영상을 보고, 글을 쓰는 것보다 타자를 치는 것이 익숙한 시대입니다. 동영상 플랫폼에는 정말 셀 수 없을 정도로 많고 재미있는 동영상들이 있고, 심지어는 내 취향까지 알아서 맞춤으로 추천해주기도 하죠. 덕분에 내가 좋아하는 것만 선택해서 찾아보고, 내가 보고 싶은 부분만 돌려가면서 볼 수 있다는 장점이 있지만, 반대로는 그만큼 내가 알고 이해하고 받아들일 수 있는 세계가 점점 좁아진다는 의미이기도 합니다. 그래서 그런지 요즘에는 인터넷 뒤에 숨어서 내 생각만 옳다며 남에게는 엄격하고 나에게는 관대한 '내로남불'식 비판만 해대는 사람들이 많아지고 있죠. 앞에서는 내 의견을 올바르게 표현하지도 못하면서 말이에요.

　우리에게는 사람마다 성격이 다르고 자라온 환경이 다르고 가치관이 다르다는 것을 이해하고 존중할 줄 알 필요가 있습니다. 그리고 필사에서 기본이 되는 책을 읽는 과정에서 우리는 다양한 사람들을 만나고 그들이 사는 세상을 엿보고 느낄 수 있죠. 책 속에는 주인공의 생각과 감정과 상황 혹은 저자의 생각과 감정과 상황 등 나와 다른 사람은 어떻게 생각하며 어떻게 느끼는지, 어떤 상황이나 환경에 처해 사는지를 많이 접해볼 수 있습니다. 또한 내용을 옮겨 적으면서 주인공이나 저자에게 감정이입하고 공감할 수 있으며, '그럴 수도 있지'라며 다양한 사람들을 이해하고 존중하는 폭을 넓힐 수 있습니다.

　마지막으로 맞춤법을 포함한 어휘력과 표현력이 좋아집니다. 아무래도 요즘에는 직접 글을 읽고 글씨를 쓰는 일이 적어지다 보니까, 인터넷 용어나 신조어, 줄임말에만 익숙해져서 맞춤법을 틀리는 사람이 주변에 많습니다. 맞춤법을 틀리는 것은 이성 간에 정을 뚝 떨어트리는 행동이라고도 하죠. 필사를 하면 한 문장씩 똑같이 옮겨 쓰는 과정에서 맞춤법을 자연스레 학습할 수 있습니다. 게다가 책에는 평소에 내가 사용하지 않아 몰랐던 단어들과 비유나 묘사 등 정말 다양한 표현들이 많이 나옵니다. '이런 단어와 표현은 이런 상황에서 사용되는구나'를 익히고 옮겨 적다 보면 나의 것이 되어 어휘력과 표현력도 늘고, 전체적인 의사소통 능력이 향상될 것입니다.

필사는 내가 하고 싶은 책으로 하면 됩니다. 처음 필사를 시작하는데 너무 어렵고 두꺼운 책을 하다 보면 금방 질리고 포기하기 쉬우니, 짧고 재미있는 것부터 시작해보면 좋겠습니다. 소설을 필사해도 좋고, 시집을 필사해도 좋고, 책이 너무 힘들 것 같으면 노래 가사나 사설 등으로 한번 시작해보세요.

5장

자기 자신
Self-up,
나를
돌파하자

가장 안전한 투자처는
바로 '나'

처음 내 힘으로 돈을 벌기 시작하고 드디어 첫 번째 월급이 계좌에 찍혔을 때를 잊을 수가 없다. 마냥 좋다기보다는 뭔가 비현실적인 느낌을 받았는데, 고등학교를 졸업하고 2년 남짓 만에 스스로 경제활동을 해서 돈을 벌었다는 것이 너무 신나면서도 조금은 얼떨떨했던 것 같다.

처음 몇 달은 가족들과 주변에 선물도 돌리고 친구들에게 밥도 여러 번 샀지만, 아직 어린 나이에 돈을 벌다 보니 크게 쓸 데도 없었고 사실 어디다 써야 할지도 잘 몰랐다. 그런데 또 돈

맛을 보니 욕심은 많아져가지고, 더 많이 갖고 싶고, 더 많이 불리고 싶어서 이곳저곳을 기웃거리고 주워 듣다가 그 유명한 '마성'의 주식투자를 시작하게 됐다. 어차피 지금 당장 집을 사야할 일이 있는 것도 아니고, 결혼 자금이 필요한 것도 아니고, 이런 과감한 투자의 행보를 지금이 아니면 언제 해보겠나 싶어서였다.

한번은 함께 비행했던 승무원 언니에게 '~카더라'를 듣고 그동안 모아온 돈을 투자했다. 정말 미친 듯이 올라가는 그래프를 보면서 이건 정말 대박이 났다고 생각했다. 내가 이 어린 나이에 주식에 성공해 부자가 되는 것인가 꿈에 부풀었다. (지금 생각하면 얼마나 멍청한지) 이제 그래프가 사상 최고점을 찍었고, 어떻게 해야 하는지, 슬슬 빼야 되는 건지, 더 오르진 않을지 머뭇대던 그 순간에 아니나 다를까 욕심이 생겼다.

'조금 더 올라가지 않을까? 며칠만 더 두고 보자.'

그리고 모두가 예상 가능하듯 그래프는 그날을 기점으로 쭉쭉 내려갔다. 엄청난 자기 합리화와 정신승리를 하면서 믿고 기다렸지만, 그래프는 결국에 바닥을 찍었고, 나는 아무것도 모른 채 그냥 남 따라 샀던 주식을 멍청하게 믿다가 배신을 당해버린 것이다.

역시 이불 밖은 무섭고, 안정이 보장되는 투자는 없다고 느꼈다. 안 그래도 매일매일 트렌드가 바뀌고, 알 수 없는 뉴스거리

가 생겨나고, 왜 유행이 됐는지도 모를 새로운 유행이 생겼다가
또 금방 사라지는 판이다. 그렇다면 도대체 나는 뭘 믿고 나의
돈과 시간을 투자해야 하는 것일까? 투자하는 만큼 정직하게 돌
아오는 것은 없는 것일까? 그냥 조용히 회사를 다니면서 버는 만
큼 쓰고 적당히 저축하며 그렇게 살면 되는 것일까?

　너무 억울한 와중에 깨달았다. 가장 안전한 투자처는 사실 제
일 가까이에 있었다는 것을. 평생 안정이 보장되며 절대 나를 배
신하지 않는 투자처. 바로 '나 자신'에 대한 투자였다.

나 자신의 경험과
역량에 투자하라

　　　　　　　　10년을 다니던 회사를 관두고 드
디어 백수가 되었을 때, 나는 아무런 목표가 없었다. 뭘 해야 할
지도 몰랐고, 뭘 하고 싶은지도 잘 몰랐다. (나는 그것도 모른 채 뛰쳐
나왔다) 다만 한 회사에서 똑같은 일을 하고 매일 나와 같은 사람
만 만나다 보니, 세상을 너무 좁게 알고 있다고 느껴졌다. 그래
서 닥치는 대로 기회가 되는 대로 이것저것 배우고, 조금만 관심
이 가고 재밌겠다 싶으면 바로 도전해보기 시작했다.

　가지도 않을 유학이나 어학연수에 관련된 상담도 받고, 1인
창업과 유튜브 제작에 대한 세미나도 들었다. 프리랜서 강사가

되어 대학에 출강을 다니기도 했고, 엑셀도 못하던 내가 뜬금없이 포토샵이나 일러스트를 배웠다. 전혀 지식도 없는 마케팅이나 창업 전문가들의 모임에도 나가고, 정말 나와는 관련 없다고 생각했던 다양한 사람들과 인맥을 쌓았다.

주변에서는 진심인지 놀리는 건지, '넌 참 대단하다'고 했다. 회사를 관두고 자유인이 되어서도 뭘 그렇게 늘 바쁘냐고, 어디를 그렇게 늘 쫓아다니느냐고 말이다. 나도 그래서 가끔은 내가 왜 이러고 있나 '현타'가 오기도 했다. 그냥 신나게 놀고먹고 여행이나 다녔어야 했나, 나는 이 황금 같은 자유의 시간을 왜 자유롭게 쓰지 않나 싶었다. 사실 성격인지라 바쁘게 나다닌 것도 있었지만, 나름 세상을 배운답시고 시간과 돈을 들여 배우고 경험하고 있는 수많은 이것들이 과연 쓸모가 있을지는 정말 의심이 들었다.

그런데 어느 순간, 드디어 그것들이 작게나마 연결되는 느낌을 받기 시작했다. 당장 나랑 관련도 없고 쓸데없다고 생각했던 것들이 다른 뜬금없는 무언가를 할 때 뒷받침이 되어 연결되는 느낌 말이다. 유튜브를 시작해야겠다고 생각했을 때는, 포토샵과 일러스트를 배운 것이 한몫했다. 창업과 마케팅 모임에 나가서 만났던 사람들에게 주워들었던 지식들이 진짜 내가 창업을 구상하는 데 큰 도움이 되었고, (다닐 때는 분노에 가득 차 쓸데없다고 부정했던) 승무원이란 경력 덕분에 강의를 시작할 수 있었으며, 또 그 몇 번의 강의 경험들 덕분에 책을 써야겠다고도 마음먹을 수 있었다.

엄청 사소하고 괜한 짓인가 의심하며 쌓아왔던 것들이 조금씩 연결되는 것을 느끼자, 불안보다는 기대감이 커지기 시작했다. 지금은 비록 작은 연결고리지만, 이것들이 계속 모여서 언젠가 거대한 체인이 된다면 강력한 포텐이 터질 수도 있겠다는 자신감도 생겼다. 덕분에 '뭐 하러 그런 걸 그렇게 열심히 하냐'던 주변 사람들에게 내심 당당한 마음이 들었고, 나 자신에 대한 믿음도 생겼다. '그래, 나에 대한 투자에 쓸데없는 것은 없다. 그리고 역시 나에 대한 투자는 적어도 나를 배신하지 않는다'.

투자의 출발선은
몸과 마음

투자의 귀재라고 불리는 워런 버핏은 자기 자신에 대한 투자의 중요성을 강조하며 강의를 듣는 대학 학생들에게 이렇게 조언했다.

"만약 당신에게 차 한 대를 주고 그 차를 평생 타야 한다고 하면, 어떻게 할 것인가요? 당신은 믿을 수 없을 정도로 그것을 소중하게 다룰 것입니다. 차에 흠집이 나면 바로 고

치고, 사용 설명서를 읽고, 차고에 차를 보관하겠죠. 이 차와 같이 우리는 이 세상에서 정확히 하나의 몸과 하나의 정신을 가지고 있습니다. 몸과 정신이 건강해야 하고, 그렇게 평생 가야 합니다."

그런데 우리는 오히려 다시 살 수 있는 자동차나, 가방, 전자기기는 그렇게 갈고닦아 아끼면서, 정작 돈 주고도 살 수 없는 하나뿐인 우리의 몸과 마음은 아까운 줄 모르고 간과해버린다. 매일 건강을 위해 운동을 해야 한다는 것을 뻔히 알면서도, 회사에서 시킨 일 다 하고, 친구 만나 밥 다 먹고, 술 다 마시고, 더 이상 조금도 졸리지 않을 때까지 잠 다 자고, 남는 시간으로 우선순위를 미뤄놓는다. 심지어는 스트레스가 쌓이거나 마음이 힘들어도 현대인에게 쉬는 것은 사치라며 업무에 매달리기도 한다.

그런데 너무 억울하다. 이렇게 회사에 피해를 끼치지 않기 위해 열심히 일하고, 사람들과의 관계를 유지하기 위해 거절 없이 모든 모임에 나가고, 당장이 너무 힘드니까 지쳐 쓰러져 잘 수밖에 없는 것인데 말이다. 그래 놓고 뒤늦게 몸이 버티지 못해 골골대며 아파오고 스트레스가 잔뜩 쌓여 성격이 더러워지고 나면, 또 사람들은 스스로 관리하지 못한 내 탓이란다. 아무도 내가 그만큼 치열하게 열심히 하느라 그랬다는 것을 알아주지 않고 나약한 변명처럼 취급하니 분노가 차오르고 너무 억울하다.

그럴 바에는 차라리 '너는 왜 그렇게 이기적이냐'는 소리를 들을지언정 내 몸과 정신 건강을 챙기는 게 백번 낫겠다.

사실 우리는 알고 있다. 공부도, 일도 체력이 받쳐줘야 할 수 있고, 머릿속이 잡생각으로 가득 차지 않아야 할 수 있다는 것을. 나름대로 근력이라도 있어야 피곤하지 않게 안 졸고 책상에 붙어 앉아 있을 수 있으며, 고민 없고 맑은 정신이어야 업무에 집중해 실수가 없고 맡은 바를 빨리 처리할 수 있다.

그러니 우리는 좀 당당하게 '나'를 모든 것들의 최우선 순위로 가져와야 한다. 내 몸과 정신을 위해 부지런히 운동하고, 몸을 정갈하고 깨끗이 하고, 명상하고, 산책하고, 휴식하고, 잘 먹고 잘 자고, 또 잘 놀고 가슴의 응어리는 내놓고 폭발시켜 버리자. 그것은 단순히 말만 좋은 '건강관리'를 위한 운동이나 '스트레스 해소'를 위한 휴식이 아니다. 누구도 대신 해줄 수 없고, 평생에 하나밖에 가지고 살 수 없는 소중한 내 몸과 마음에 대한 투자의 출발이다.

그래도 나를
배신하지 않는 투자

빌 게이츠와 워런 버핏 등 모두가 인정하는 세계의 성공한 CEO와 투자자들은 성공의 척도를 돈이 아닌 인간관계로 꼽았다. 돈이 아무리 많아도 65~70세가 되어서까지 주변에서 진정한 사랑을 받는 사람은 많지 않다며 말이다. 솔직히 돈이 많으니까 할 수 있는 얘기가 아닌가 싶으면서도, 나름 무슨 의미인지는 또 이해가 된다. 나 자신에 대한 투자뿐 아니라 우리가 인간관계를 위한 투자를 아끼지 않아야 하는 이유가 여기에 있다. 빌 게이츠와 워런 버핏만큼 내가 돈을 버는 것은 쉽지 않을 테니까 말이다(불가능하다고는 말하기 싫다!). 그들이 인정하는 인간관계에서의 투자에 성공하면 그들에게 조금이라도 견주어볼 수 있지 않을까.

이것 말고도 '투자'의 본래 의미인 재산을 축적하기 위한 투자, 혹은 외모를 관리하는 것 등도 모두 가치 있는 투자다. 다만 주의해야 할 것은, 이 투자들이 바깥을 향하지 않고 반드시 나를 향해야 한다는 것이다. 다들 대인관계가 좋으니까, 나도 사회성이 좋아 보여야 하니까 주변에 모든 사람을 참으면서 억지로 품고 가는 것 말고, 정말 내가 좋아하고 고맙고 소중한 나의 편인 사람들에게만 적극 투자해야 한다.

바깥(남)을 향한 투자는 배신당하고 뒤통수 맞기 딱 좋기 때문이다. 외모를 관리하는 것도, 다른 사람이나 사회적 기준에서 남들이 보기에 예뻐 보이려고 하는 것은 바깥을 향하는 것에 해당된다. 하루가 다르게 변해가는 외부의 기준에 맞추다가는 내가 남아나질 않을 것이다. 대신 개인적인 콤플렉스를 극복하기 위해 스스로 결정한 외모 관리나 나의 자신감과 자존감을 위해 꾸준히 하는 외모 관리는 나를 향하는 것이 된다. 정말 나의 자신감과 자존감으로 돌아올 것이다.

세상에는 내 맘대로 할 수 있는 것들이 많지 않다. 아무리 열심히 일해도 능력을 인정받기 어렵고 사회적인 성공도, 직장의 승진도 내 마음 같지 않다. 모든 정성과 사랑을 아낌없이 주었던 연인조차도 헤어지고 나면 남보다 못한 사이가 되듯이, 세상은 원래 그렇게 짜증 나게도 내 뜻과는 자꾸만 반대로 돌아가는 법이다. 또 어린 시절의 나처럼, 주식에 모든 돈을 쏟다가 빈털터리가 될 수도 있는데, 누구를 탓할 수도 없다. 이 모든 리스크는 결국 내가 나 자신이 아닌 남이나 바깥 세상에 투자해서 발생했기 때문이다(탓하려거든, 나를 탓해야지).

아마 남이나 바깥을 향한 투자라도 운이 좋아 상황과 흐름을 잘 타면 성공할 수 있을지도 모르지만, 반대로 쪽박을 찰 가능성도 랜덤이다. 그러나 나에 대한 투자는 모두 오롯이 나의 것이 된다. 운을 바라지 않아도 되고, 타이밍을 기다리지 않아도 된다. 그렇다면 남의 선택이나 판단이 영향을 미치게 되는 것들은 때려치우고, 나의 미래가치에 집중해 투자하자는 것이다. 이런 투자는 많든 적든, 얼마나 깊든 얕든 간에 한번 나에게 들어오고 나면 그 누구도 빼앗아갈 수 없고 영원히 남는다. 유일하게 내 의지로 만들 수 있는 것이고 또 나 자신의 역량으로 결정할 수 있는 것이다.

　나 자신에 대한 투자는 절대로 나를 배신하지 않고 나에게 그대로 돌아온다. 그래서 나는 오늘도 바깥에 다른 그 무엇이 아닌 나 자신에게 열심히 가치투자를 한다. 가장 안전하고, 가장 믿을 수 있고, 또 가장 확실한 투자처는 나 자신뿐이니까.

선택했다면
후회 말고 책임을

'아무거나'는
선택이 아니다

　　　　　　　　인생은 정말 크고 작은 선택들의
연속이다. 아침에 눈을 뜨는 순간부터 지금 일어날지 아니면 5분
만 더 잘지 꿈결 같은 무의식중에서도 우리는 선택을 한다. 무
슨 옷을 입을지 무슨 신발을 신을지도 매일 고민이고, 오늘 점심
에는 뭐를 먹을지 또 저녁에 친구 만나서는 뭐를 먹으러 어디를
갈지, 메뉴를 고르는데도 매일 선택의 기로에 선다. 그리고 이런
선택들은 나비효과처럼 돌고 돌아서 나도 모르게 또 다른 선택
에 영향을 미치는데, 그래서 뭐 하나를 선택하는 데 고심하지 않

을 수가 없다.

　나의 경우에도 학창 시절 문과를 갈지 이과를 갈지 선택해야 했고, 이과를 선택했기 때문에 대학 전공을 고를 수 있는 폭이 좁아졌다. 또 항공과를 선택했기 때문에 별다른 고민할 새 없이 승무원을 목표로 했고, 다시 관두기로 선택했기 때문에 지금은 백수가 되었다.

　이렇게 우리는 매 순간 점심 메뉴를 고르는 것처럼 작은 선택부터 전공이나 직업이나 퇴사 같은 큰 선택까지 해야만 한다. 그리고 뭐 하나를 선택했으면 당연히 또 (어른이니까) 책임을 져야 하니, 너무 어렵고 피곤하기 그지없다. 그래서인지 식당이나 카페에는 너무 웃기게도 '아무거나'라는 메뉴마저 등장했다. 아마 '바쁘다 바빠 현대사회'에서 저렇게 많은 메뉴를 읽어보고 하나를 고르는 것도 너무 귀찮고, 또 골라놓고 맛이 없으면 그걸 고른 나 자신을 탓하는 것도 너무 짜증나는 일이기 때문일 것이다. 그런데 중요한 건, 내가 고른 메뉴를 먹든 '아무거나' 먹든 어차피 먹는 건 나라는 사실이다. 그게 맛있고 맛없고를 떠나서 어차피 내 입으로 들어갈 테니 말이다. 선택은 남에게 미룰 수 있을지 몰라도 책임은 이러나저러나 내가 지게 된다는 것이다.

바뀌도 후회
안 바뀌도 후회

　　　　　　　한때 나는 후회와 번복을 밥 먹듯이 하곤 했다(거의 권번복이라 불릴 수준이었다). 옷이나 화장품을 살 때는 한참을 골라서 겨우겨우 좋다고 결정해 주문을 해놓고도 택배가 도착하기까지 또 잘 고른 게 맞는지, 이게 최선의 선택인지 검색을 해댔다. 그러다 결국에는 택배가 도착하고 써보기도 전에 교환이나 환불을 신청하기도 했다. 또 어디를 갈 때는 지하철이 좋은지 버스가 좋은지 운전이 좋은지 제일 빠른 최선의 경로를 찾아대다가 정작 제시간에 출발을 못 했다. 심지어는 생각했던 버스를 놓치면 기다리는 시간을 아끼겠다며 또 다른 경로를 검색하고 가는 길을 바꿔댔는데, 결국에는 매번 안 하느니만 못한 상황이 되곤 했다.

　물건을 교환하겠다며 돈과 시간을 들여 교환 신청을 해야 했고, 힘겹게 교환을 받아놓고 '괜히 바꿨나?', '그냥 바꾸지 말걸 그랬나?' 하면서 후회를 했다. 또 기다릴 시간 없다고 빨리 가야 한다며 경로를 바꿔 잘만 도착해놓고도 '그냥 가만히 기다려서 다음 버스 탔으면 더 빨리 도착했을 텐데', '아, 괜히 고생했네' 하면서, 또 후회를 했다. 이건 거의 뭐, 번복을 번복해놓고 또 번복하는 수준이었다.

　내가 매번 선택의 순간마다 이렇게 우왕좌왕한 이유는 당연히 가장 최고의 선택을 하고 싶었고, 그래야 후회하지 않는다고 생각했기 때문이다. 원래 제일 좋은 걸 갖고 싶고 하고 싶은 게 사람 마음이니까 말이다. 그런데 그러기에는 일단 세상에 선택지가 너무너무 많아서 쉽지가 않다. 로션 하나를 사려고 해도 무슨 피부 타입마다 종류가 다 다르다 하고, 무슨 좋고 나쁜 성분이 들었나 봐야 한다 하지는 않나, 브랜드는 많고 심지어는 똑같은 상품인데도 여기저기 가격은 다 다르다. 후기는 또 얼마나 다양한지 누구는 좋다고 하고 누구는 별로라고 하는데, 그 와중에 또 '호갱'이 되지 않으려면 돈 받고 좋다고 광고하는 건 아닌지까지도 봐야 한다. 벌써 피곤하다.

또 그렇게 온 마음과 정성을 다해 검색하고, 고민하고, 신중한 결정을 내린다 한들, 매번 충분히 만족하지 못하는 건 똑같았다. 오히려 아는 게 많으니, '다음에는 더 좋은 걸로, 더 최고의 선택을 해야지'라며 말이다. 정말 피곤해 죽겠다. 아니 그러면, 이렇게 고민을 미친 듯이 하고 선택을 해도 후회, 고민을 안 하고 대충 '아무거나' 선택해도 후회라는 건데, 문제는 무엇일까.

중요한 건 선택이 아니라
책임이다

어쩌면 우리는 정답을 알고 있다.

내가 뭘 원하는지 더 끌리는 게 뭔지 정도는 다 알고 있으면서, 괜히 내가 원하는 걸 선택해도 괜찮은지 이런저런 조건을 갖다 붙이면서 재는 것이다. 사실 선택은 어렵지 않다. 그냥 내 눈에 빡 들어오는 거, 내 마음에 딱 들어오는 걸 선택하면 된다. 일단 선택하면 된다. 중요한 건 선택이 아니라 책임이기 때문이다.

똑같은 상황에서 같은 것을 선택하고도 누구는 만족하지만, 누구는 끝까지 불만이다. 똑같이 야식으로 라면을 먹어놓고도 누구는 '아, 너무 맛있었다. 맛있으면 0칼로리'라면서 만족하지만, 누구는 '이 야밤에 라면을 먹다니, 내가 미쳤지 미쳤어' 하면서 자책하고 불평불만만 늘어놓는다. 이미 자기가 먹고 싶어서 끓이고 차리고 다 꼭꼭 씹어 먹어놓고는 말이다. 그렇다면 그건 라면을 먹었다는 선택의 문제가 아니라, 선택 후 이미 선택한 것을 받아들이는 나의 태도나 자세의 문제가 되는 것이다.

그러니까 '아무거나'라는 메뉴도 등장할 수 있었을 것이다. 내가 선택하든, 남이 선택하든, 좋은 걸 선택하든, 나쁜 걸 선택하든, 어차피 책임은 당사자가 지게 될 테니까 말이다.

프랑스의 실존주의 철학자 장 폴 사르트르은 이렇게 말했다.

"사람은 이 세상에 아무렇게나 내던져진 존재다. 그가 어느 길을 가거나 자유다. 그러나 그 선택에 책임을 져야 한다."

선택을 믿고 나갈 것인가
아니면 의심할 것인가

나에게는 대학을 다니다가 전공을 바꾼 두 친구가 있었다. 두 친구 모두 결정을 내리는 순간까지도 확신하지 못하고 계속해서 망설이다가 시간에 쫓겨 급하게 전과 결정을 내렸다. 그런데 한 친구는 고민했던 게 무색할 정도로 전공을 잘 살렸고, 지금까지도 대학 다니며 제일 잘한 일은 전공을 바꾼 것이라고 자랑한다. 그러나 한 친구는 전과를 했지만 얼마 안 가서 결국에는 다시 원래의 전공으로 돌아갔다. 그리고 아직까지도 '그때 전공을 바꾸지 말았어야 했는데' 하며 후회한다.

두 친구 모두 선택하기까지 많은 고민을 했고, 자신의 선택을 의심했다. 하지만 두 친구에게서 보였던 가장 큰 차이점은 선택한 것에 대해 책임지는 태도였다. 한 친구는 '이미 결정 난 거 어쩌겠어. 잘한 결정일 수도 있으니까, 일단 무조건 열심히 한번 해봐야지'라는 마음가짐이었다면, 다른 친구는 '원래 전공이 나았던 것 같기도 하고, 하다가 별로면 또 전과해야 되나?'라는 마음가짐이었다.

둘의 마음가짐 자체가 이렇게 달랐으니, 한 친구는 바뀐 전공에 집중해서 열심히 할 수 있었고, 덕분에 결국 좋은 결과를 만들어냈다. 그리고 그 결과는 어쨌든 당시의 선택이 최고의 선택이었다는 것을 대신 증명해줬다. 비록 전과를 할지 말지 고민했지만, 결과적으로는 전공을 살려 승승장구했으니 전과한 것이 맞는 선택이었게끔 만들어낸 것이다. 반대로 다른 친구는 자신의 선택을 계속해서 의심했고 집중하지 못했으니, 어쩌면 본인이 원하는 좋은 결과가 나오지 못한 것도 당연하다.

인생에는 정답이 없지만, 선택에는 책임이 있다

사실 따지고 보면 우리가 사는 것 자체도 우리가 선택한 것은 아니다. 그냥 태어나 보니, 이미 대한민국에, 우리 가족에, 이런 이름과 생김새를 가지고, 이런 성격을 가지고 있다. 그래도 우리는 그러려니 하고 산다. 그거야 어차피 벌어진 일이고, 피한다고 피할 수 있는 것도 아니고, 주어진 상황에서 열심히 잘 살아야 한다는 것을 알기 때문이다. 그렇게 따지자면 나름 우리는 이 세상에 태어난 것에 이미 온 책임을 다하고 있다고 볼 수 있겠다. 잘 살아가고 있으니까 말이다.

또 때로는 내가 원치 않는 선택을 하게 되기도 한다. 내 마음은 원치 않지만, 회사의 압박으로, 가족들을 위해서, 혹은 그냥 나 자신을 위해서도 가끔은 싫은 선택을 해야만 하는데, 그것에 대한 책임 또한 나의 것이 된다. 만약 어차피 벌어진 일이라면,

그리고 더 이상 피할 수 없다면, 여기에서 우리는 또 다른 선택을 할 수 있다. 계속해서 후회하고 탓하며 뒤를 돌아볼 것인지, 아니면 있는 그대로를 받아먹고 앞으로 나아갈 것인지. 우리는 불가피하게 싫은 상황을 받아들이고 싫은 선택을 해야 할지는 몰라도, 다행히도 앞으로 우리의 태도는 전적으로 내가 스스로 선택할 수 있다. 그리고 스스로 만들어나갈 수 있다.

나도 가끔은 직장을 관두고 나온 것이 잘한 일인지 의심이 들 때도 있고, 누군가 후회하지 않느냐고, 물어볼 때도 많다. 그럴 때마다 나는 절대 후회하지 않는다고, 그것은 최고의 선택이었다고 (우기면서) 대답한다.

그 말에 내 진심이 얼마나 담겨 있는지, 사실인지 거짓인지는 중요하지 않다. 그냥 후회하지 않는다고, 최고의 선택이었다는 나의 선택과 말에 책임을 다해서 사실을 증명해 보이면 된다.

문제를 적으면
답이 보인다

문제는
문제 해결 능력이다

참 인생 사는 게 매일매일이 고민스럽다. 아마 아무런 고민 없이 행복하기만 한 사람은 없을 것이다. 그러나 주변을 둘러보면 얼굴에 수심만 가득한 사람이 있는 반면, 이렇게 세상이 빡빡한데도 마냥 해맑아 보이기만 하는 사람들이 있다. 이럴 때마다 '쟤는 아무 고민이 없나? 나만 어렵게 사는 거야?'라는 생각도 들고, 어째 저리 해맑을 수 있는지 부럽기도 하다. 하지만 그들도 당연히 우리가 알지 못하는 문제들을 수없이 가지고 있을 것이다. 다만 차이가 있다면 그 문제를 잘 관리하고 해결할 수 있기 때문에 밖에서까지 티 나게 고민을 데리고 다닐 필요가 없을 것이다.

세상에 고민 없는 사람이 있을까? 백만장자에게도, 평범한 사람에게도 고민은 있기 마련이다. 마냥 귀엽고 해맑은 어린아이에게도 있을 것이고, 세상을 다 아는 것 같은 어르신에게도 당연히 고민은 있을 것이다. 그러니 고민이 있다는 사실은 전혀 문제가 되지 않는다.

대신 그 고민들을 잘 다루지 못한다면 그때는 진짜 문제가 될 것이다. 해결되지 못한 고민은 자꾸 또 다른 고민들을 불러올 것이고, 거기에 또 새로운 고민들까지 점점 쌓이다 보면 눈덩이처럼 커져버려서 내가 감당할 수 없는 상태가 되어버리기 때문이다. 우리는 이 수많은 고민들에 잠식당하기 전에 문제들을 잘 다루고 해결할 줄 알아야 한다. 누구나 가지고 있는 문제라면, 어떻게 처리하느냐에 따라 결과도 달라질 것이다.

나는 개인적으로 어려서부터 생각도 많고 걱정도 많았다. 그냥 타고난 성향이 그랬던 것 같다. 게다가 나에게 무슨 문제가 닥치면 외면하지 않고 항상 정면으로 맞서 문제를 해결하고자 노력했다. 덕분에 어른이 되면서는 나름의 고민을 다루고 문제를 해결하는 나만의 요령들이 생겼는데, 여기 그 중에 한 가지 요령을 나눠보려 한다.

1단계 : 문제 해결을 위한
시간을 가져라

가장 중요한 것은 문제 해결을 위한 시간을 가져야 한다는 것이다. 문제를 충분히 생각하고 해결하기 위해서 10분이든 1시간이든 일부러라도 시간을 내서 가져야 한다. '무슨 이런 사소한 고민 때문에 바쁜 시간을 내냐, 그냥 틈틈이 어떻게 해야 할지 생각이나 해보자'라고 한다면, 앞에서 말했던 밖에서도 수심 가득한 얼굴을 가진 그런 사람이 될 것이다. 문제 해결을 위한 시간을 가진다는 것은, 일상생활에서 쓸데없이 다른 데 정신 팔리지 않고, 다른 해야 할 것들에 집중할 수 있게 해준다. 지금 당장 해결해야 하는 한시가 급한 문제가 아니라면, 모든 문제들은 이 시간으로 미뤄놓으면 되니까.

2단계 : 종이와 펜을 준비해
그림을 그려라

문제 해결을 위한 시간이 마련됐다면, 책상에 앉아 종이와 펜을 준비해야 한다. 가만히 앉아서 혹은 누워서 머릿속으로만 생각하면 문제가 정확히 뭔지도 직면이 안 되고, 어떻게 해결해야 하는지도 정리가 안 된다. 머릿속이 더 복잡해지기만 해서 두통이 올지도 모른다. 그러니 빈 종이를 꺼내서 지금 고민이 무엇인지 직접 글로 써내야 한다(컴퓨터나 핸드폰에 쓰는 것보다도 직접 글로 쓰는 것이 좋다). 일단 고민을 글로 쓰려고 보면, 머릿속에서는 뒤죽박죽 큰 문제라고 생각했던 것이 생각보다 유치하기도 하고 별일이 아닌 것처럼 느껴질 수도 있다. 막상 고민의 실체를 꺼내서 마주하니까 또 이렇게까지 심각하게 '문제'라 할 정도는 아니지 않나 싶은 것이다. 그렇다면 느낀 대로가 맞다. 그렇게까지 심각하게 문제라 할 정도는 아닌 사소한 문제인 것이다. 이제라도 알았으니 그런 문제들은 가볍게 살짝 즈려밟고 가면 된다.

실체를 꺼내놓고도 즈려밟을 수 없는 고민들은 이제 틀을 만들어 전략을 짜야 한다. 먼저 고민들과 관련되어 머릿속에 생각나는 것들은 순서 상관없이 종이에 모두 쏟아내 적는다. 이 문제가 왜 생겼는지부터 언제까지 해결해야 하는지, 나에게 얼마나 중요하고 큰 문제인지, 또 해결하기 위해 할 수 있는 것들 그리고 필요하다면 도움을 요청할 수 있는 곳들, 가능한 방법의 선택지들을 모두 만들어 쓰는 것이다. 일종의 나 혼자 하는 브레인스토밍이다.

다음은 이렇게 구구절절 꺼낸 내용들을 분류하고 정리해야 한다. 일반적인 앞으로의 계획이나 목표의 경우에는 육하원칙으로 나눠서 정리할 수 있고, 내가 어떻게 해야 할지 행동이나 선택에 대한 문제라면, 내가 할 수 있는 것과 내가 할 수 없는 것(또는 남이 해줘야 하거나 환경이 받쳐줘야 하는 것)으로 나누어 정리할 수 있다.

이렇게 분류하면서 옮겨 적어놓는 것만으로도 문제의 핵심이 한눈에 보이고 답이 어느 정도 좁혀져 보일 것이다. 또 옮겨 쓰는 과정에서 다시 쓰기 귀찮을 정도로 쓸데없다고 생각되는 것들은 자연스레 정리도 됐을 것이다. 이쯤에서 마무리해도 되겠다 싶은 문제라면, 아까처럼 또 살짝 즈려밟고 지나가면 된다.

여기까지 왔다면 이제는 내가 취할 수 있는 행동이나 해결 방안을 찾아야 한다. 어쨌든 우리의 최종적인 목적은 문제를 해결하는 것이니까 말이다. 먼저 내가 할 수 있는 해결방안들의 예상되는 결과를 예측해 적어보는 것이다. 그렇게 또 가능한 모든 선택지들의 장단점과 예측되는 상황들이 한눈에 보일 때, 드디어 우리는 우선순위를 찾아 잡을 수 있다. 문제를 해결하기 위해 가장 먼저 할 수 있고 해야 할 것을 알게 되고, 여러 가지 상황들을 예측해보면서 혹시 겪게 될 위기를 미리 예방할 수도 있고, 아니면 어서 빨리 다른 사람에게 도움을 요청해야 하거나 그냥 포기하는 게 편한지도 다양한 비교를 통해 결정할 수 있다.

3단계 :
다 찢어버려라

　　　　　　　　　　문제가 해결됐다고 해서 절대 빼먹지 않아야 하는 마지막 단계는, '다 찢어버려라'다. 문제 해결용 종이는 절대 간직하거나 모으지 않는다. 머릿속에 있던 것을 종이로 꺼내 옮겼으니 해결된 일이라면 속 시원하게 갈기갈기 찢어 쓰레기통에 던져버림으로써 일종의 '망각' 처리를 하는 게 좋다. 마치 게임에서 퀘스트를 하나씩 깨고 지워나가는 것처럼 말이다.

　　실제로도 내 고민들을 스스로 마주하고 해결하고 갈기갈기 찢어 지워나갈 때마다 마치 인생이란 게임에서 퀘스트를 하나씩 깨고 나 자신의 성장 레벨을 높이는 느낌이 들어 묘한 쾌감을 느낄 수 있다.

적당한 스트레스를
즐기자

　　　　　　　　　　나는 가끔 딱히 고민이 아니더라도 그냥 생각이 복잡해지면 이 방법을 즐겨 사용한다. 하다못해 나를 짜증 나게 하는 사람이 있거나 열 받는 일이 있었을 때도 욕이든 뭐든 이렇게 종이에 쏟아내 적는다. 그러면 기본적으로 머릿속은 좀 가벼워지고, 객관적인 시야로 사건을 내려다볼 수 있게 된다. 진짜 '살다 살다 내 인생에 이런 일이!' 싶던 것들도 사실 그렇게 인생 망할 일도 아니라는 것을 깨닫게 되고, 또 평소에 잘 하지 않는(?) 험한 욕이라도 직접 꺼내 쓰면 마음이 한결 가벼워질 것이다. 물론 내놓고 하는 게 제일 속 시원하겠지만.

고민이라는 것은 우리에게 일종의 스트레스로 받아들여진다. 아무런 고민 없이 항상 행복한 게 최고인 것 같지만(솔직히 가능만 하다면 최고긴 하겠지) 사실 적당한 스트레스는 사람이 살아가는 데 필요한 원동력이 되어주고 동기부여의 원료가 된다. '스트레스의 힘'이라는 말도 있듯이 말이다. 그러니 우리는 고민이 있다면, 고민이 있다는 사실에만 스트레스를 받을 것이 아니라, 그 문제를 어떻게 다루고 이겨낼 것인지에 집중해야 한다. 어떻게 하느냐에 따라 하루에도 수십 개씩 생겨나는 문제들은 우리에게 독이 될 수도, 반대로 해독제이자 예방약이 될 수도 있다. 선택은 우리에게 달려 있다.

약점을
드러내라

약점을
얘기할 수 있는 사람

　　　　　　　나는 개인적으로 '약점이나 단점
을 스스럼없이 얘기할 수 있는 사람'이 정말 멋지다고 생각한다.
예를 들면 넉넉지 못한 가정환경이나 바보같이 사기당했던 경험
이나 기계를 잘 다룰 줄 모르거나 음치, 박치, 길치 같은 것들 말
이다. 물론 아무도 묻지 않았는데 굳이 혼자서 약점을 드러낼 필
요는 없다. 다만 있는 그대로의 사실을 꽁꽁 숨기지 않고 담담하
게 얘기할 수 있는 그런 사람을 말하는 것이다.

　　사람들은 보통 조금만 잘해도 과장하기 바쁘고, 잘난 것은 더

자랑하지 못해 안달이다. 그러면서 반대로는 내 약점을 드러내는 것이 나를 쓸데없이 낮추는 것이라고 생각한다. 그래서 누군가 나의 약점을 알게 된다면 편견이나 선입견을 가질까 봐 혹은 나의 약점을 이용하거나 나를 만만하게 볼까 봐 꽁꽁 숨겨놓고 입을 닫아버린다. 그러나 사실 그 약점 또한 어쩔 수 없는 나의 일부이다. 아무리 없다고 쳐봤자 진짜 없어질 일도 아니고, 아무리 숨기고 모른 척해봤자 나는 알고 있으니, 외면할 수 없다. 오히려 아무도 모르고 나만 아는 약점일수록 우리의 자존감을 갉아먹을 것이다. 밖에서 '너는 최고야, 최고'라고 해도 집에 와서 '사실 나는 별 볼일 없는데' 하면서 말이다.

근데 그 약점을 숨기지 않고 드러낼 수 있다는 것은 그만큼 나에게 어떤 약점이 있는지 나도 알고 있고, 그것을 인정하고 받아들이고 있다는 것을 뜻한다. 또 필요하다면 이 약점을 스스로 직면하고 극복할 수도 있다는 것을 의미한다. 그래서 약점이 없는 척하는 사람보다 약점을 담담하게 드러내는 사람을 보면 정말 자아가 단단하고 멋져 보이기까지 한다.

안 하는 게 아니라
'못' 하는 겁니다

그렇다면 우리가 먼저 약점을 드

러내야 하는 이유는 무엇일까? 먼저 약점을 드러내야 도움을 받을 수 있는 길이 열리기 때문이다. 사회생활을 할 때도 기본적으로 모르면 모른다고 말을 해야 주변에서 도와줄 수 있듯이 말이다. 계속 아는 척을 하면 잘 아는 줄 알고 혹은 몰라도 도움이 필요 없는 줄 알고 아무도 도와주지 않을 것이고, 오히려 오만한 모습에 오해를 받을 수도 있다.

하다못해 길을 잃은 사소한 경우에조차, 혼자서는 해결할 수 없다고 느꼈다면 지나가는 사람이라도 붙잡고 내가 길을 잃었으니 좀 알려달라고 도움을 요청해야 길을 찾을 수 있다. 그래야 길을 알려주든 말든, 아니면 나도 모르니 다른 사람에게 물어보라고 하든 대책이 생길 것이다.

또 약점을 드러내는 것이 오히려 나를 방어해주는 방패가 될 수도 있다. 내가 잘 못한다고 약점을 미리 드러내고 못한다면 주변에 이해를 받을 수 있지만, 약점을 드러내지 않고 그냥 못한다면 주변에서는 '못' 하는 게 아니라 일부러 '안' 하는 거라고 오해할 수 있기 때문이다. 일단 내가 먼저 말하지 않으면, 남들은 그게 나에게 있어 약점인지 아닌지 절대 모를 테니까 말이다.

예를 들어 나는 낯을 좀 가리는 편이다. 그래서 새로운 곳이나 새로운 사람을 만나면 조금 어색하거나 불편해 보이기도 한다. 나는 어색해서 조용히 있는 것이고 가만히 적응할 시간이 필요할 뿐인데, 사람들은 내가 재미없어하고 어울리기 싫어하고 집에 가고 싶어 한다고 오해를 한다(진짜 그럴 때도 있긴 하지만). 예전에는 아닌 척, 낯을 하나도 안 가리는 깨발랄한 사람인 척 해보기도 했지만, 어차피 잘되지도 않았고 오래가지도 않았다. 그래서 요즘에는 '나는 낯을 좀 가리지만 시간이 좀 지나면 금방 괜찮아진다'고 미리 밝힌다. 그러면 사람들도 내가 싫어서 그러는 것이 아니라 어색해서 그러는 것이라고 이해해주고, 오히려 고맙게도 불편하지 않도록 배려하거나 챙겨주기도 한다.

약점이
약 된다

가끔은 내가 약점을 드러냈을 때 일부러 나의 약점을 찔러서 이용해먹으려고 하거나 공격하려 드는 사람도 있다. 이불 밖은 무서운 곳이니까. 그래서 약점을 드러내고 싶지 않았던 것인데, 사실은 오히려 투명하게 드러내는 것이 그들을 역공하는 방법이 되기도 한다.

게임을 할 때도 내 캐릭터의 약점이 어딘지, 어디를 공격받으면 타격이 큰지 알기 때문에 우리는 방어구를 장착한다든지 미리 조심하고 예방할 수 있다. 또 어차피 상대도 내 캐릭터의 약점이 어딘지 이미 알고 일부러 공략하는 것이기 때문에 공격당해도 (욕은 나오지만) 타격은 적을 것이다. 오히려 제일 약점이 아니라고 생각했던 혹은 내가 제일 강하다고 자신했던 부분을 방심하다 갑자기 공격받아 죽는 것이 더 충격이 클 것이다. 게다가 정말 고수들은 내 캐릭터의 특징과 약점을 미끼 삼아 상대를 유인해 필살기로 급소를 찌르기도 한다. 그러니까 너도 알고 나도 아는 나의 약점은 진짜 약점이 아니다. 오히려 꽁꽁 숨겨두었다가 의도치 않게 들켜버리는 약점이 진짜 약점이 될 수 있고, 상대가 모르는 나의 필살기가 진짜 강점이 되는 것이다.

그런데 누군가 정말 기를 쓰고 정말 열심히도 나의 약점을 이용하려 하거나 공격하려 든다면, 혹은 편견을 갖거나 만만하게 본다면, 그건 나의 약점 때문이 아니라 그 사람의 인성과 품격이 그 정도인 것이다. 아마 겉과 속이 다르고, 이 사람 앞에서 저 사람 앞에서 행동이 다 다르고 여기 붙었다 저기 붙었다 하는 강약약강의 사람일 가능성이 크다. 그런 사람한테는 더 이상 다른 걸 바랄 것도 없다. 인정을 받아야 할 것도 아니고, 상처를 받을 필요도 없다. 적당히 거리를 두고 쓸데없는 소리는 한 귀로 듣고 한 귀로 흘리면서 평생 그렇게 기를 쓰고 남의 약점을 먹으면서 사시라고 방관하면 된다.

대신 똑같은 사람이 되지 않으려면, 반대로 우리도 다른 사람이 용기 있게 드러낸 단점이나 약점을 잘 품어줘야 할 것이다. 적당히 배려도 해주고, 도움이 필요하다면 도와주면서 말이다. 내게도 약점이 있다면 또 다른 더 큰 강점이 있듯이, 남들도 약점이 있다면 또 다른 더 큰 강점이 있다는 사실을 잊지 말자.

나는
나 하기 나름

　　　　　'남자는 여자 하기 나름, 여자는 남자 하기 나름'이란 말이 있다. 과연 이게 도대체 무슨 뜻일까? 한쪽이 잘해야만 다른 쪽도 잘한다는 뜻일까? 아니면 서로서로 밀당을 해야 한다는 뜻일까? 나는 이 말이 이해가 잘 안 간다. 남녀 관계를 떠나서도 우리는 다 같은 어른이고 내 인생을 내가 살고 스스로 생각하고 움직이는 것인데, 왜 상대가 어떻게 하느냐에 따라 내가 달라진다는 조건을 붙이는 것인지 모르겠다. 나는 그냥 나 하기 나름이다.

　그러니 만약 내가 약점을 드러내면 상대가 어떻게 생각할지 혹은 나에게 어떻게 행동할지를 미리 따지면서 두려워하거나 도망갈 필요가 없다고 생각한다. 심지어 아직 일어난 일도 아닐뿐더러, 내 약점에 대해 왈가왈부 따져대는 상대도 그냥 자기 하기 나름대로 원래가 그런 사람이라 그렇게 하고 있을 뿐이다. 나 때문에 그런 것도 아니고, 내가 그렇게 만든 것도 아니다. 그런데 그런 상대에 휘말려서 나 또한 '상대 하기 나름'으로 흔들리는 사람이 된다면, 앞에서 말했던 강약약강인 사람과 다를 바가 없어진다.

다시 말하지만, 나는 그냥 나 하기 나름이다. 아무리 누가 나에게 잘났다고 해도 내가 못났다고 생각하면 못난 거고, 아무리 누가 나에게 못났다고 해도 내가 잘났다고 하면 잘난 거다. 내가 정말 스스로 약점이라 생각하고 숨길수록 그건 진짜 나조차도 인정하는 나의 최약점이 되는 것이고, 반대로 나의 개성이나 매력이라고 우기고 드러낼수록 진짜 개성과 매력이 되는 법이다.

사람은 누구나 약점이 있다. 한두 개 있는 것도 아니고, 정말 셀 수 없을 정도로 누구에게나 똑같이 많다. 아마 까면 깔수록 계속 나올 것이다. 괜히 하나하나 감추고 숨기려고만 하면 오히려 숨겨지기는커녕 더 끝도 없이 많아질 것이고, 어디까지는 숨기고 어디까지는 안 숨길 건지도 사실 애매하다. 괜히 혼자 자격지심에 꽁꽁 숨기지 말고 당당하게 드러내서 오히려 그걸 극복해냈고 혹은 지금도 열심히 극복하고 있는 나 자신을 자부하는 것이 오히려 나의 자아를 단단하게 만들어주고 자존감을 높여줄 것이다.

존경할 수 있는
인물을 만들어라

이제는 말할 수 있는
'존경하는 사람'

　　　　　　　　취업 면접을 준비할 때 항상 등장
하는 단골 예상 질문에는 '존경하는 사람이 누구입니까? 그리고
그 이유는?'이 꼭 들어가 있다. 내가 항공사를 준비하던 당시에
는 어린 나이여서인지 자신감이 과하고, 또 나 자신을 지나치게
사랑하던 때라 이런 질문에 대한 나의 대답은 언제나 '없습니다'
였다. '내가 스스로 존경받을 수 있는 사람이 될 것이기 때문'이
라며 말이다.

　지금 생각하면 당차고 귀여운 건지, 주제를 모르는 것인지 헛

웃음이 나온다. 그런데 만약 면접의 기회가 또 생겨 이 질문을 받는다면, 나는 '친오빠'를 존경하는 인물로 꼽을 것이다.

더 이상 어린아이가 아니고부터, 나는 사사건건 부모님께 의지할 수 없음을 알게 되었다. 걱정하실까 봐 솔직하게 이야기하기 어려운 것들도 점점 많아졌고 그럴 때 내게 길잡이가 되어준 사람이 바로 오빠와 새언니였다. 새언니와 오빠는 내가 주저리주저리 철없는 얘기를 해도 가만히 끝까지 들어주곤 한다. 아무리 세상 모르는 소리를 하며 칭얼대도, 절대 대충 듣지 않고 마치 남인 듯 가볍지만 남 같지 않은 무거운 조언을 준다.

내가 회사를 관둔다고 했을 때는, 관두고 나서도 반드시 잘될 거라고 나의 큰 꿈을 무한 응원해줬다. 그리고 반대로는 현실적으로 내가 감당해야 할 것들에 대해서 인생의 선배로서 정확하게 짚어주었다. 절대 이래라저래라 하며 나의 선택을 비난하거나 평가하지 않고, 다양한 가능성에 대해서만 조곤조곤 경고하고 알려주었다. 덕분에 나는 항상 어떤 것을 선택하든 모든 결정과 책임을 내가 스스로 질 수 있는 강단과 자신감이 생겼다 (사실 나를 응원해주는 사람이 있다는 것만으로도 그냥 의지가 된 것인지도 모른다).

철없을 적 나는 존경하는 사람이 '없습니다'라고 대답했지만, 이제는 오빠와 새언니를 존경하고 있다고 말할 수 있다. 내가 가족들에게 자랑스러운 딸이자 동생이 되고 싶고 또 칭찬받고 싶어 하는 내 모습을 보면서 사람에게 저마다 존경할 수 있는 사람을 갖는 일은 매우 의미가 있다는 사실을 깨달았다. 이제야 비로소, 면접관들이 존경하는 사람을 왜 매번 물어보는지를 어렴풋이나마 이해도 된다.

'인생 선배'가 필요해

아무것도 모르는 어린 시절에는 부모님이 우리에게 무엇이 올바르고 무엇을 조심해야 하는지 친절히 알려준다. 그때는 밥만 잘 먹어도 기특하다고 칭찬받고 이상한 걸 만들어도 재능 있다고 응원받고 무슨 일을 해도 예쁘다는 말을 들으며 산다. 내 옆에 꼭 붙어서 넘어지지 않도록 잡아주고 좋은 것만 먹게 하고 좋은 것만 보도록 아껴주신다. 그러다 우리가 조금 크면 부모님의 곁을 살짝 벗어나 학교를 가게 된다. 학교에서는 또 다행히 선생님이 계신다. 부모님처럼 내가 밥을 잘 먹는다고 기특해하거나 다 잘했다고 칭찬해주지는 않지만, 적어도 내가 잘못된 길을 가지 않도록 항상 뒤에서 단단히 잡아준다. 학교를 빠지면 무슨 일이 있는지 챙겨주고, 나쁜 짓을 하면 따끔하게 혼을 내주며 정신을 바짝 차리게도 해준다.

그런데 성인이 되어, 선생님의 곁에서도 벗어나고 나면, 우리는 정말 혼자가 된다. 더 이상 그 누구도 내가 착하다는 사실만으로 칭찬해주지 않고, 좋은 일을 해도 잘 봐주지 않는다. 회사에서는 일을 아무리 잘해도 당연하게 여기거나 오히려 알아봐주면 다행일 지경이다. 그래 놓고 좀만 실수하거나 자칫하면 매장당하기 십상이고, 평생 우정일 것만 같던 친구 사이에서도 은근한 시기나 질투가 난무한다. 내가 맞는 길을 가고 있는지 틀린 길을 가고 있는지 아무도 알려주지 않으니 매일이 불안하기 그지없다. 나를 잡아주는 부모님도, 선생님도 없고 나 혼자 이 험한 세상을 헤쳐나가야 한다면 그때 필요한 것이 존경하고 본받을 만한 '인생 선배'다. 존경이라고 하면 너무 거대하고 부담스러운 느낌이 들기도 하는데, 그냥 내가 좋아하는 사람, 멋지다고 생각하는 사람, 따라 하고 싶은 사람을 떠올리면 된다(뮤즈나 워너비 정도의 느낌이다).

어른이 된 우리에게 완전히 맞고 완전히 틀린 일은 더 이상 없다. 어떻게 사는 게 맞고 어떻게 사는 게 틀린지 정의내리기 어렵다. 어릴 때는 반드시 학교에 가고 공부를 열심히 해야 하는 것이 맞는 일이었지만, 어른이 된 지금은 반드시 회사를 빠지지 않고 열심히 일한다고 해서 무조건 정답인 인생은 아니다. 회사도 회사 나름이라 당장 그만두고 하루빨리 도망쳐야 하는 회사가 있는가 하면, 발전을 위해 더 열심히 시간과 열정을 투자해야 할 회사가 있을 것이다.

어느 경우엔 개미처럼 일만 열심히 할 게 아니라 적당히 워라밸을 지키는 것이 더 가치 있는 일이 되기도 한다. 그래서 맞고 틀리고의 문제를 떠나서, 나 자신을 알고 나의 가치관을 따라가는 것이 중요하다고 생각한다. 그 와중에 존경하고 본받을 만한 '인생 선배'가 있다는 것은 그들의 존재 자체만으로도 나의 인생에 있어 길잡이가 되어준다. 일단 내가 어떤 사람을 좋아하고 따라하고 싶은지 취향을 알게 해주고, 이것은 나에게 가치관을 만들어주며, '아, 나도 저 사람처럼 멋지게 살고 싶다'라는 동기부여가 되고, 이 부러움과 동경은 곧 나에게 희망과 열정을 심어준다.

성공한 덕후가 되어라

'덕후'라는 단어가 일본어에서 나와 처음 생겼을 때는 약간 놀리는 어투의 부정적인 어감을 가지고 있었다. 자기만의 세계에 찌질할 정도로 집착하는 어눌한 모습이 그려졌다. 그리고 거기에 '성공한'이라는 수식어가 붙으면서는 그 누구보다 열과 성을 다해 결국엔 성공을 이뤄냈다는 의미를 갖게 되었다. 덕후라는 말이 붙을 정도로, 그리고 찌질해 보일 정도로 열과 성을 다한다면 사실 그 분야에서 성공했다고 인정할 만하다. 이런 덕후들을 포함해 좋아하는 가수나 연예인의 팬이 되면 매일 그들을 찾아서 보게 될 것이다. 영화가 나오면 꼭 영화를 찾아서 보고, 인터넷에서 사진이나 그들의 일화를 찾아보고, 온갖 관련된 물품들을 사서 모은다. SNS를 구경하고 댓글을 달고 주변 사람들에게 내 연예인을 자랑도 한다. 팬들은 이렇게 해야 좋아하는 연예인을 더 잘 알 수 있고, 더 좋아할 수 있고, 더 가깝게 느낄 수 있기 때문이다.

똑같다. 내가 존경하는 인물의 소위 '덕후'가 되어야 한다. 그들이 유명인이라면, 그들의 책을 사서 꼼꼼하게 밑줄 치며 읽고, 텔레비전에 나온다면 챙겨본다. 그들의 SNS를 찾아보며 어떻게 생활하는지 훔쳐도 보고, 그들이 강연을 한다면 찾아가 듣는다. 또 그들이 내 주변에 누군가라면 자주 찾아가 만나고 얘기를 나누고 시간을 보내야 한다. 그 과정에서 우리는 내가 존경하는 인물에 대해 더 잘 알고, 더 좋아할 수 있게 된다. 도대체 어떻게 살아왔는지, 어떤 가치관을 갖고 있는지, 어떤 생활 방식을 추구하는지. 그것은 즉 어떻게 해야 나도 그 사람처럼 닮아갈 수 있는지 알려주는 세상의 교과서가 된다.

만약 어려운 결정을 앞두고 있거나 어디로 가야 할지 길을 잃었을 때도 내가 존경하는 그 사람이라면 이 상황에서 어떻게 할지 혹은 무엇을 선택할지 마음속으로 조언을 들을 수 있다. 우울하고 괴롭고 힘들 때도 내가 존경하는 그 사람이라면 어떻게 극복하는지, 어떤 마음가짐을 가져야 하는지 위로를 받을 수 있다. 보이지 않는 멘토이자 또 다른 부모님 혹은 선생님과 같은 존재가 되는 것이다.

따라쟁이가
되어라

인터넷에서 이런 글을 본 적이 있다. 어떤 연예인을 너무 좋아하고 닮고 싶은 나머지 매일 '나는 ○○○이다'를 스스로 백만 번 세뇌시켰더니, 정말 자기가 그 연예인을 닮아가고 있고 실제로 생김새도 닮았다는 이야기를 듣고 있다는 내용이었다. 처음에는 '아이고, 웃긴다' 하고 읽다가 확신 가득한 말투에 '뭐야, 진짜가?'라는 생각이 들었다. 당연히 짠 하고 동경하던 연예인을 닮게 된 것은 절대 아닐 테지만, 적어도 좋아하는 연예인을 닮기 위해 얼마나 노력했는지는 알 것 같았다.

세상 사람들에게 나는 이 연예인을 너무 좋아한다고 외치고 다녔을 테고, 매일 사진을 찾아보면서 그녀의 화장을 따라 하고 패션을 따라 하고 말투를 따라 하고 노래를 따라 불렀을 것이다. 또 매일 그녀의 노래를 듣고 글을 보면서 그녀의 생각과 말에 동의하고 응원했을 것이다. 나도 모르는 새 그녀의 멋진 모습에 자극을 받고 동기부여가 되고 가치관을 닮아가게 됐을 것이다. 어쩌다가 '연예인 ○○○랑 비슷하다'라는 얘기를 한 번이라도 들으면 얼마나 기분 좋고 자신감이 생겼을까? 하다못해 '나는 ○○○이다'라고 외치고 따라 하는 글쓴이의 노력이 가상하고 불쌍해서 '그래 너 해라'라고 친구들이 정색을 해줬을지언정 글쓴이에게는 '#성공적 #그냥덕후말고성공한덕후'일 것이다.

남과 비교하지 말고
나의 인생을 살아라

있는 자의
잘난 척

남들과 비교하지 말라고 그렇게 보고 듣고 배워 노력하는데도, 사람인지라 참 무의식적으로 남들과 나를 비교하게 된다. 나도 내가 지금 비교를 하고 있다는 사실조차 깨우치지 못하고 열성적으로 비교를 해대다가 한참이 지나 열등감이 바닥을 치거나 자존심이 하늘을 찌르고 나서야 뒤늦게 깨닫는다. '아, 내가 또 남들과 나를 비교하고 있었구나. 왜 그랬지' 하면서 말이다. 그리고 하필 대부분의 비교는 올바르지 못해서 자격지심과 같은 부정적인 감정을 불러온다.

남들은 다 예쁘고 멋진데, 나는 왜 이런지. 남들은 쉽게쉽게 공부도 하고 연애도 하고 취업도 하고 행복하게 잘만 사는 것 같은데, 나는 왜 이렇게 세상 사는 게 다 어렵고 복잡한지 모르겠다. 오랜만에 만난 친구들은 그동안 이것도 하고 저것도 했다고 자랑하는데, 내가 한 건 뭐가 있는지 아무리 생각해봐도 잘 먹고 잘 잔 것뿐이다('잘'이 맞는지도 의심스럽다). 내 시간만 이렇게 빠르게 흐르는 건지, 모두에게 시간이 똑같이 흐르는지도 믿을 수가 없을 정도다.

게다가 차라리 이렇게 나와 남을 개인적으로 비교하면 다행일 지경이다. 금수저, 흙수저 등을 언급하며 나를 넘어서 우리 가족 우리 부모님까지 비교 선상에 올리지를 않나, 심지어는 바꿀 수도 없는 이미 그렇게 타고난 성격부터 생김새부터 이미 지나간 과거까지 그렇게 비교를 해댄다.

그런데 이 비교가 무조건적으로 잘못되거나 나쁜 것만은 절대 아니다. 건강한 비교들이 있기에 사람들은 더 성장하고, 세상도 더 발전할 수 있는 법이다. 만약 남들이 너무 부럽고 질투가 나면 그것을 원동력 삼아 나를 채찍질하는 동기부여로 만들면 된다. 텔레비전 속에 울끈불끈 운동도 잘하고 근육이 탄탄한 유명인들이 너무 부럽다면, 그렇지 않은 나 자신을 보며 열등감에 빠질 것이 아니라 '나도 저렇게 되고 싶다'고 사진을 걸어놓고 지금 당장 운동을 시작하면 된다.

반대로 내가 너무 남들보다 잘났다고 스스로 대단하다고 느껴지면 내 잘난 것을 다른 사람들에게 도움이 되도록 베풀고 나누면 된다. 내가 외국 한번 안 나가봤는데도 영어를 자유롭게 구사할 줄 알아서 너무 자랑스럽다면, 그렇지 않은 사람들을 보며 '쟤넨 왜 저렇게 못해' 하고 오만방자해질 것이 아니라, 나만의 공부법이나 요령을 널리 알리는 것이다. 나처럼 외국은 나가본 적 없지만 영어를 자유롭게 구사하고 싶어 하는 사람들을 위해서 말이다. 이게 진정한 있는 자의 잘난 척이다.

비교는
비겁하다

할리우드 가수이자 배우인 테일러 스위프트는 이렇게 말했다. "남과 비교하는 것은 상대의 하이라이트 신과 나의 비하인드 신을 비교하는 것이다"라고. 그렇다. 남의 하이라이트 신과 나의 비하인드 신을 비교하기 때문에 상대적 박탈감과 열등감을 느끼는 것이고, 반대로는 남의 비하인드 신을 보면서 주제에 업신여기기 때문에 오만방자해지는 것인데, 이 비교에는 모순이 굉장히 많다.

먼저 기본적으로 다른 조건에 있는 것을 비교하고 있으니, 열등감을 느끼는 것도 어쩌면 당연한 결과다. 왜 하이라이트와

비하인드를 비교하냐 이것이다. 당연히 하이라이트가 비하인드보다 낫겠지. 할 거면 똑같이 너와 나의 하이라이트를 비교하든가, 아니면 똑같이 너와 나의 비하인드를 비교하는 것이 차라리맞다.

또 그 기준도 굉장히 애매하다. 결국은 내가 보기에 나보다나으면 네가 잘났다고 하고 부러워하는 것이고, 내가 보기에 아니면 내가 더 잘났다고 거만하게 구는 것인데, 그 기준은 누가정한단 말인가. 너무 자기중심적이고 객관적이지 못하다. 상황에 따라 사람에 따라 사심이 잔뜩 들어가서, 그냥 사사로운 질투와 깔보는 것이 되어버릴 가능성이 크다.

게다가 뭘 안다고 내가 남들을 판단할 수 있을까. 겉으로 보이는 것만 혹은 내가 보고 싶은 것만 보고 '나는 이런데, 쟤는 저렇다'고 하는 것은 완전 섣부른 판단이다. 남들이 얼마나 시간 쓰고 돈 쓰고 노력했는지는 아무것도 모르면서 그냥 눈에 보이는결과적인 모습만 보고 내 마음대로 그들의 과거를 추측하는 것이다. 마치 열심히 노력해서 자수성가한 사람을 보고, '금수저라노력도 별로 안 하고 쉽게 성공하네' 하는 것처럼 말이다.

그러니 나는 상대적으로 열등하다며 우울해하거나, 상대적으로 우월하다고 자만하는 것은 결국에는 그냥 내가 나 자신을 그렇게 여기고 싶은 것에 불과하다. 그렇게 생각하고 싶은데, 마땅한 핑곗거리를 찾으려고 괜히 남을 들먹거리면서 비교하는 방법을 사용하는 것이다. 아주 비겁한 행동이다.

나를 성장하게 해주는
올바른 비교

앞에서 말한 것처럼 비교가 무조건 잘못되고 나쁜 것은 아니다. 건강한 비교는 나를 더 성장하게 만들어주기 때문에, 비교를 하되 올바르게 할 줄 알 필요가 있다.

먼저 비교의 대상은 남과 내가 아닌, 나와 내가 되어야 한다. 잘난 남들은 그냥 내가 자극받을 수 있는 대상으로 남겨두고, 비교의 대상은 어제의 나와 오늘의 내가 되어야 한다는 것이다. 어제의 나보다 오늘의 내가 덜 노력하고 못났다면 스스로 어제의 나에게 열등감을 느껴 마땅하고, 어제의 나보다 오늘의 내가 더 노력하고 잘했다면 충분히 자부하고 자신하고 스스로 우월함을 느껴도 된다. 아니, 그래야만 한다.

또 지나온 과거를 비교하지 말고 앞으로의 미래를 비교해야 한다. 이미 지나간 것을 들먹거리면서 우월해해봤자 '라떼는 말이야'밖에 안 되고, 자책해봤자 달라지는 것은 없다. 중요한 것은 미래에 내가 열등감을 느끼도록 만들 것인지, 아니면 오늘보다 나은 내가 될 것인지, 그 두 가지를 비교해 오늘의 나를 선택해야 한다는 것이다.

내 인생의 주인공은
나다

사람은 누구나 자기 인생을 주도적으로 살 때 행복한 법이다. 누가 시키거나 혹은 억지로 겨우 겨우 하는 것 말고, 내가 스스로 생각하고 결정해서 인생을 가꾸어나갈 때 말이다. 회사에서도 내가 맡은 일은 내가 알아서 잘만 하는데 자꾸 옆에서 이래라저래라 참견하면 더 하기 싫어지고, '지금 나이가 몇인데 취업은 언제 할 거니, 연애는 하니, 결혼은 언제 할 거니, 빨리 해야 되지 않겠니'라면서 내 인생에 끼어들 때 반감은 가득해져 더 아무것도 하기 싫고 뛰쳐나가고만 싶다.

반대로 남들이 뭐라고 하든 눈치 보지 않고 내가 원해서 내가 스스로 하는 것은 언제나 재밌다. 그래서 청소년기에도 그렇게 열심히 청개구리처럼 반항을 해댄 것이고, 어른이 되어서도 계속해서 내가 누군지, 내가 뭘 원하고 뭘 좋아하는지 찾으려고 평생을 고민하는 것이다.

그러니 때로는 나의 인생을 주도적으로 살기 위해 나에게 주어진 사회적 역할을 내려놓기도 하고, 적당히 다른 사람의 기대도 흘려들을 줄 알아야 한다. 우리는 어려서부터 부모님의 기대에 맞춰, 선생님의 기대에 맞춰, 올바르고 공부 잘하는 학생이 되어야 한다고 들으며 커왔다. 왜 공부를 잘해야 하는지도 모른 채 말이다. 그러나 이제 우리는 어른이 아닌가. 어른이 되어서도 부모님의 기대를 따라가느라 원치 않는 인생을 살 수는 없다. 또 사회적인 기준에 맞춰서 때가 되면 대학을 가고 그렇지 않으면 자괴감을 느끼고, 또 때가 되면 결혼을 하고 그렇지 않으면 자괴감을 느낄 필요도 없다. 누가 뭐래도 내가 괜찮으면 괜찮은 것이고, 내가 좋으면 좋은 것이다.

아무도 나를 대신해 살아주지도 않고, 결정해주지도 않고, 책임져주지도 않는다. 아무리 사랑하는 가족과 친구들이 옆에 있어도 언제까지고 마냥 의지하고 기댈 수만도 없다. 내 인생은 내가 주도적으로 살아갈 줄 알아야 하는데, 그러기 위해서 가장 중요한 것은 다른 사람의 말에 흔들리지 않아야 하고 사회적인 시선에 흔들리지 않아야 한다는 것이다. 나는 그냥 묵묵히 나아가기만 하면 된다. 내가 가고자 하는 방향으로, 나만의 속도로, 나의 힘으로 단단하게 말이다.

어차피 인생은 혼자고, 내 인생의 주인공은 나다. 드라마 같은 일도 나에게는 일어나지 않아 평범하기 그지없어 보여도, 아무리 하는 것마다 남들을 받쳐주는 조연밖에 안 되는 것처럼 느껴져도 어쨌든 내 인생이라는 드라마 속에서는 내가 주인공이다. 나름대로 내 인생 속에는 크고 작은 멜로도 있을 것이고 코

미디도 있을 것이고 스릴도 있었다가 미스터리한 일들도 일어나
고 어떨 땐 슬프기도 할 것이다. 그리고 그 중심에는 항상 나 자
신이 있다는 것을 잊지 말길 바란다.

생업을 디자인하세요

앞으로 우리는 남은 인생 동안 지금 하는 일과는 별개로 부업을 할 수도 있고, 이직을 할 수도 있고, 사업을 할 수도 있고, 혹은 완전히 새로운 일을 시작하게 될 수도 있습니다. 이제는 평생직업이라고 할 수 있을 정도로 안정된 직장도 없을뿐더러, 한 직장에서만 매일 똑같은 일을 하며 살고 싶지도 않은 게 사실이죠. 우리에게는 다른 해보고 싶은 게 있으면 충분히 도전해볼 만한 능력도 있고, 현재는 시도해볼 만한 수단과 경로도 다양합니다. 그래서 앞으로 다양한 분야에 있어 제2의 직업, 제3의 직업, 제 N의 직업을 갖고 경험하게 될 것입니다. 즉, 우리는 이제 하나의 '직업'뿐만 아니라 이 모든 직업들을 경험하고 쌓여갈 경력들을 포함해 인생 전체의 '생업'을 디자인해야 할 때라는 것이죠.

우리가 첫 직업을 갖게 된 때를 생각해보면, 우리는 정말 다양한 노력을 했습니다. 내가 가고 싶은 회사들을 비교해 고르고, 내가 좋아하는 것은 무엇인지, 내가 잘하는 일은 무엇인지, 열심히도 탐색했습니다. 진로 적성검사를 하거나 성격 유형 검사도 했고, 필요하다면 전문가의 도움을 받기도 했습니다. 그래야만 나를 어필하는 자기소개서와

면접을 준비할 수 있었고, 결과적으로는 원하는 회사에 합격을 할 수 있었으니깐요.

이처럼 우리가 처음 직업을 가질 때는 여러모로 탐색하고 전략적으로 행동했으면서, 제2의 직업, 제3의 직업, 제 N의 직업을 앞두고 생업을 설계해야 하는 지금은 이런 열정적인 탐색의 과정을 생략해버립니다. 이미 나는 어른이고 알만큼 아니깐 그런 과정이 필요 없다고 생각하기 때문인 걸까요. 그런데 따지고 보면, 처음 직업을 가질 때보다 나이도 많아지고 경험도 많아진 우리는 더 전략적이어야 할 필요가 있습니다. 시행착오를 충분히 겪을 시간이나 마음의 여유도 충분하지 않고, 짧든 길든 한 번 사회생활을 겪어보고 나면 사람은 완전히 변하거든요. 취미나 가치관이나 삶을 추구하는 방향도 더 구체적이고 확실해집니다. 또 다양한 사람을 겪다 보면, '어떤 사람처럼 되고 싶다' 혹은 '어떤 사람처럼은 절대 되지 말아야지' 구분도 될 것입니다. 학생이었을 때의 나와 지금의 나는 하고 싶은 것, 좋아하는 것, 잘하는 것이 모두 달라졌을 수도 있죠. 그렇기 때문에 나는 어른들에게도 이직이나 사업이나 독립 등, 제2의 인생을 설계하기 위해서는 더 신중하게 변한 나에 대해서 탐색해보는 시간이 필요하다고 생각합니다. 또 필요하다면 전문가에게 도움을 받는 것이 훨씬 효율적이겠죠. 처음 취업을 준비하던 학생 때 그랬던 것처럼 말입니다.

앞에서도 말했듯이 저는 제2의 인생을 설계하고 더 나은 미래를 만들기 위해 스스로를 탐색하는데 많은 시간을 보냈습니다. 지금까지 어떤 커리어를 쌓아왔으며 앞으로의 목표는 무엇인지, 강점과 약점은 무엇이고, 회사에서는 어떤 사람이었으며 무엇을 얻었는지, 시간을 어떻게 관리하며 어떤 사람들과 관계를 맺고 있는지 등 주제를 불문하고 여러 방면으로 탐색을 하면서 자료를 쌓아왔죠.

덕분에 단순히 다음 '직업'을 찾는 것을 넘어 앞으로 나의 인생에서 나아가야 할 '생업'의 방향성을 잡을 수 있었습니다. 가능하다면 앞으로 이렇게 탐색하며 쌓아온 자료들과 과정들을 좀 더 구조화해서 나와 같이 제2의 인생을 설계하고 생업을 찾고자 하는 사람들과 공유하고 공생하고 싶다는 생각입니다.

북큐레이션 • 원하는 곳에서 꿈꾸고, 가슴 뛰는 삶을 살고픈 이들을 위한 책

《청춘, 쉽게 살면 재미없어》와 함께 읽으면 좋은 책. 자신의 인생에 열정을 쏟고 청춘의 즐거움을 쟁취하는 사람이 진정한 성공과 멋진 인생의 주인공이 됩니다.

박지성, 박신혜 등 셀럽들 강력 추천

링크 업 Link up

이영미 지음 | 14,500원

만남을 두려워하는 사람들을 위한 관계가 변하는 소통의 기술

많은 정보를 공유할 수 있는 SNS 활동이 활발해지면서 그 어느 때보다 관계의 힘이 세지고 있다. 소비 시장과 마케팅, 트렌드의 영역에서 인플루언서의 영향력 또한 놀라울 정도로 커지고 있다. 이런 시대에서 성공하기 위한 가장 중요한 핵심은 무엇일까? 바로 연결이다. 이 책은 사람과 사람을, 사람과 브랜드를, 사람과 제품을 연결해 시너지 효과를 내고 그 속에서 함께 성장해 나가는 핵심 비법을 전해준다. 수많은 셀럽과 어떤 식으로 관계를 맺어왔는지 저자만의 진심이 담긴 소통의 기술을 통해 사람을 끌어당기는 방법을 알아보자!

인생을 근사하게 만드는 10가지 도전

아주 작은 도전의 힘

라수진 지음 | 13,800원

"도전도 스펙이다" 꾸준한 도전으로 커다란 성취를 경험하라!

많은 사람들이 목표를 향한 도전을 미루거나 회피한다. 때로는 결과가 잘못될까 봐 불안하다는 이유로 시도조차 안 하기도 한다. 그러나 사실은 하고 싶은 의지가 없거나 현재의 자리에 안주하는 것에 익숙해 있는 건 아닐까? 자신만의 안전지대(Safety Zone)를 벗어나 위험을 감수하고 도전할 때 제2의 인생으로 도약할 수 있는 기회가 온다. 소소하지만 꾸준한 노력으로 성취감을 얻고 싶은 사람들 모두에게 이 책은 누구나 생활에서 실천할 수 있는 작은 도전의 성공으로 자신감을 얻고 인생의 터닝 포인트를 만들 수 있는 길을 안내해줄 것이다.